AUSZEIT

Inspirierende Geschichten für Vielbeschäftigte

Marco Freiherr von Münchhausen ist promovierter Jurist, internationaler Keynote-Speaker und Autor mehrerer Bestseller, u.a. *Wo die Seele auftankt.* Er hält Vorträge zu den Themen Motivation, Selbstmanagement und Work-Life-Balance. 2002 wurde er mit dem Titel »Trainer des Jahres« ausgezeichnet; 2005 erhielt er den »Excellence Award« für hervorragende Leistungen als Referent.

Für dieses Buch hat er aus seinem über viele Jahre gewachsenen Fundus von Parabeln, Anekdoten und Texten mit großer Sorgfalt die schönsten ausgesucht und für die heutige Zeit interpretiert.

Marco von Münchhausen

AUSZEIT

Inspirierende Geschichten für Vielbeschäftigte

Campus Verlag
Frankfurt/New York

Bibliografische Information der Deutschen Nationalbibliothek:
Die Deutsche Nationalbibliothek verzeichnet diese Publikation in der Deutschen Nationalbibliografie. Detaillierte bibliografische Daten sind im Internet über http://dnb.d-nb.de abrufbar.
ISBN 978-3-593-37914-2

Umschlaggestaltung: Cornelia Niere, München
Umschlagmotiv: © plainpicture/Rona Faust
Satz: Fotosatz L. Huhn, Maintal-Bischofsheim
Druck und Bindung: Freiburger Graphische Betriebe
Gedruckt auf säurefreiem und chlorfrei gebleichtem Papier.
Printed in Germany

Besuchen Sie uns im Internet: www.campus.de

INHALT

VORWORT

Warum halten Sie dieses Buch in den Händen, warum lesen Sie diese Zeilen? Was bringt es überhaupt, ein Buch zu lesen? Neben dem Vorteil, inmitten des hektischen Alltagslebens mal ein bisschen Zeit mit sich selbst zu verbringen und die Aufmerksamkeit vorübergehend von den eigenen Sorgen und Problemen abzulenken, kann das Gelesene in vielen Fällen auch zur Erweiterung des Horizonts beitragen, gewissermaßen das eigene Leben mit Anregungen aus einer »anderen« Welt bereichern. Angesichts des vielbeklagten permanenten Zeitmangels kann es beruhigend sein, dass es hierfür gar nicht auf die Quantität des Lesestoffes ankommt, sondern dass vielmehr die Qualität beziehungsweise die Essenz eines Gedankenganges entscheidet. Dies ist der Vorteil der verschiedenen Texte, die als Ausgangspunkt dieses Buches dienen: Sie enthalten verdichtete Lebensweisheit. Sie stammen aus den verschiedensten Kulturen und Traditionen. Mal sind es nur kurze Sätze, mal sind es Geschichten, mal kurze philosophische Traktate. Manche stammen aus den großen Weisheitsbüchern der Welt, manche von großen Gelehrten, manche auch von modernen Schriftstellern.

Das Buch unternimmt den Versuch einer Übersetzung und Interpretation dieser Texte für unser oft hektisches Alltagsleben. Was könnte dieser Text für mich bedeuten? Was könnte ich davon mitnehmen? Und vor allem: Wie ließe sich dies in meinen Alltag übertragen? Dabei soll dem Leser keine festlegende Interpretation vorgesetzt, sondern es sollen Anregungen angeboten werden, was einem ein bestimmter Text sagen könnte, teilweise verbunden mit konkreten praktischen Tipps, wie sich diese Erkenntnis im eigenen Leben umsetzen ließe. Und zur vertiefenden Reflexion finden sich am Ende eines jeden Kapitels Fragen, die helfen sollen, sich selbst einer bestimmten Thematik bewusster zu werden.

Wie lesen Sie das Buch optimalerweise? Sie können es natürlich Kapitel für Kapitel der Reihe nach lesen. Genauso gut können Sie je nach Thematik das auswählen, was Sie gerade am meisten beschäftigt. Oder Sie nutzen es als eine Art Vademecum, als Begleiter durch ein Jahr, indem Sie sich jede Woche eines der 52 Kapitel vornehmen und für sich gedanklich vertiefen.

Wie auch immer Sie es nutzen werden: Ich wünsche Ihnen, dass das Buch Ihr Denken und Ihr Leben inspirieren und bereichern möge.

Ihr
Marco von Münchhausen

HINTERLASSENSCHAFT

»Wenn morgen die Welt unterginge,
dann würde ich heute noch ein Apfelbäumchen pflanzen.«
Martin Luther

In Momenten, in denen wir den Kurs unseres Lebens neu bestimmen wollen, in denen wir der Frage nachgehen: »Was will ich wirklich mit meinem Leben, was gibt meinem Dasein Sinn?«, in solchen Momenten kann es – um eine neue Perspektive zu gewinnen – hilfreich sein, einen Blick aus der Zukunft zurück auf das eigene Leben zu werfen und sich zu fragen: »Welche Spuren will ich hinterlassen, wenn ich mich einst aus diesem Leben verabschiedet habe; welche Spuren bei anderen Menschen und auf diesem Planeten?« – Meistens sind wir bei unserem Denken und Planen sehr mit unserem Wohlergehen zu Lebzeiten beschäftigt, und das mag prinzipiell auch sehr sinnvoll sein, doch kann die Frage danach, was wir hinterlassen wollen, von entscheidender Bedeutung für unser gegenwärtiges Handeln sein.

König Anoschirwan, den das Volk auch »den Gerechten« nannte, wandelte einst zu der Zeit, als der Prophet Mohammed geboren wurde, durch sein Reich. Auf einem sonnenbeschienenen Hang sah er einen ehrwürdigen alten Mann mit gekrümmtem Rücken arbeiten. Gefolgt von seinem Hofstaat trat der König näher und sah, dass der Alte kleine, gerade ein Jahr alte Stecklinge pflanzte.

»Was machst du da?«, fragte der König.

»Ich pflanze Nussbäume«, antwortete der Greis.

Der König wunderte sich: »Du bist schon so alt. Wozu

pflanzt du dann noch Stecklinge? Du kannst ihr Laub nicht mehr sehen. Du kannst in ihrem Schatten nicht mehr ruhen. Auch ihre Früchte wirst du nicht mehr essen.«

Der Alte richtete sich auf, schaute dem König in die Augen und sprach mit großem Ernst: »Die vor uns kamen, haben gepflanzt, und wir konnten ernten. Wir pflanzen nun, damit die, die nach uns kommen, auch ernten können.« – Sprach's und pflanzte weiter seine Stecklinge.

Eine bemerkenswerte Einstellung, die angesichts der weit verbreiteten Umweltzerstörung nicht nur auf weltpolitischer Ebene, sondern auch in unserem persönlichen Alltag zunehmenden Wert erlangt. Das Gegenteil der Denkweise des alten Mannes in der obigen Geschichte ist die »Nach-mir-die-Sintflut-Mentalität«, der es völlig egal ist, was der Nachwelt hinterlassen wird. Doch wo geht es in unserem alltäglichen Leben schon konkret um Hinterlassenschaft? Die Frage kann eine neue Bedeutung bekommen, wenn neben dem langfristigen Aspekt auch die kurzfristige Dimension miteinbezogen wird:

- *Langfristiger Aspekt*: Was hinterlasse ich der Nachwelt, wenn ich einst aus dem Leben geschieden bin, an materiellen Gütern, an Handlungen und an ideellen Werten und Erinnerungen?
- Konkreter und gegenwartsbezogener ist der *kurzfristige Aspekt:* Wie hinterlasse ich einen Platz, nachdem ich ihn während meines Lebens verlassen habe? Was hinterlasse ich am Arbeitsplatz, wenn ich Feierabend mache? Was in einem Unternehmen bei einem Firmenwechsel? Sind meine Angelegenheiten geordnet, und habe ich womöglich noch etwas auf den Weg gebracht, von dem ich persönlich unmittelbar nicht mehr profitiere? Ja, die Frage kann sich in noch viel kleineren, vielleicht sogar banal erscheinenden Situationen stellen: wie ich mein Hotelzimmer, meinen Essensplatz im Selbstbedienungs-

restaurant oder den Mietwagen bei der Rückgabe hinterlasse bis hin zur Art und Weise, den Müll zu entsorgen.

Es geht also gar nicht immer um die große Hinterlassenschaft, es muss nicht unbedingt etwas Besonderes sein. Auch die Stecklinge sind zunächst klein. Überall, wo ich etwas ordentlich hinterlasse, und immer, wenn ich mir Gedanken um die Nachwelt mache – zeitlich wie räumlich – und entsprechend handle, kommt der Geist dieser Geschichte zum Tragen. Und alles, was wir an Positivem hinterlassen, in welcher Form auch immer, kann unserem eigenen Leben und Handeln einen tieferen Sinn geben.

Fragen zum Nachdenken

- Was sind meine Stecklinge, die ich pflanzen kann?
- Was will ich einst hinterlassen: der Nachwelt, der Umwelt, den Menschen und meinem Umfeld? Und was will ich nicht hinterlassen?
- Wo in meinem konkreten Alltag geht es um die Frage, was ich und wie ich etwas hinterlasse, und was fällt mir jetzt spontan ein, wie ich in Zukunft im Sinn der Stecklingsgeschichte handeln könnte?

MISSERFOLG

Der Umgang mit Misserfolgen ist sicher eine der schwierigsten Herausforderungen im Leben und gleichzeitig eines der entscheidenden Merkmale erfolgreicher und gereifter Persönlichkeiten – und zwar der *richtige* Umgang mit Misserfolgen. Es ist keine große Kunst, auf einer Welle von Erfolgserlebnissen nach oben getragen zu werden, bisweilen kommt der Erfolg aber auch zu schnell: Der Kern der Persönlichkeit reift oft nicht im selben Tempo, wenn jemand sehr schnell großen Erfolg hat. Unsicherheit und mangelndes Selbstwertgefühl (nicht selten gepaart mit fehlender Selbstwahrnehmung) werden von anderen Menschen dann als Arroganz und Überheblichkeit wahrgenommen. Der erste Misserfolg kann der Persönlichkeit die Chance geben zu reifen. »Wirklich gewachsen bin ich«, so hört man es von den meisten Menschen, »an meinen Niederlagen und Misserfolgen.« Und das Vertrauen, das wir in uns selbst haben, und die innere Sicherheit, mit dem Leben fertig zu werden, auch wenn uns der Wind ins Gesicht bläst, ist in all den Augenblicken gewachsen, in denen wir gezwungen waren, Niederlagen einzustecken, wieder aufzustehen und weiterzugehen. Die durchlebten und überwundenen Krisenzeiten machen uns stark, nicht die leicht erlangten Erfolge.

Schön und gut, mag sich mancher nun denken, aber was ist, wenn eine Niederlage auf die andere folgt? – Hierzu eine wahre Begebenheit:

Es war einmal ein junger Mann, der musste innerhalb von 25 Jahren folgende Schicksalsschläge einstecken:

Er machte Bankrott.

Er kandidierte für den Senat und wurde nicht gewählt.

Er machte nochmals Bankrott.

Das Mädchen, das er über alles liebte, starb. Daraufhin erlitt er einen Nervenzusammenbruch.

Er kandidierte für den Kongress und wurde nicht gewählt.

Er kandidierte erneut für den Kongress und kam wieder nicht durch.

Jetzt kandidierte er noch einmal für den Senat und verlor wieder.

Er kandidierte für das Amt des Vizepräsidenten der Vereinigten Staaten und wurde geschlagen.

Er wurde auch beim dritten Versuch nicht in den Senat gewählt. Was wurde aus diesem Mann?

Er wurde der populärste Präsident in der Geschichte der Vereinigten Staaten von Amerika: Abraham Lincoln.

Kaum zu glauben! Und doch hat es sich so zugetragen. Nun muss man nicht Abraham Lincoln sein und auch nicht ähnlich hochgesteckte Ziele haben – darum geht es ja gar nicht. Aber eine Botschaft könnte zumindest sein: Wenn man etwas wirklich will und sich nicht entmutigen lässt, sondern es beharrlich immer wieder von neuem versucht, so ist das die einzige Chance, sein Ziel zu erreichen. Es ist keine Garantie, denn die Geschichte hätte auch enden können: »... und er hat es noch einige Male versucht, vergeblich, und dann hat man nichts mehr von ihm gehört.« – Und natürlich wäre diese Geschichte dann auch nicht erzählt worden. Dennoch, die einzige *Chance* ist, nicht aufzugeben! Sonst kann es einem gehen wie dem einen Frosch im Milcheimer:

Zwei Frösche, die sehr Hunger litten, weil die Fliegen im Herbst rar geworden waren, kamen in den Stall eines Bauernhofs. Sie entdeckten dort zu ihrer Freude einen Eimer mit frisch gemolkener Milch.

Da niemand in der Nähe war, sprangen sie mit einem hohen Satz in den Eimer mit der nahrhaften Flüssigkeit. Sie tranken nach Herzenslust, bis sie gesättigt waren.

Wie groß aber war ihr Schrecken, als sie bemerkten, dass es kein Entrinnen gab. Die glatte Wand des Eimers machte all ihre Bemühungen, wieder auf festen Boden zu kommen, zunichte.

Der eine Frosch war bald erschöpft. In seiner Todesnot rief er dem Kollegen zu: »Ich kann nicht mehr, es ist aus! Lebewohl.«

Der andere ermunterte ihn: »Schwimm, solange du kannst, nicht aufgeben!«

Doch vergebliche Liebesmüh: Der Frosch streckte mutlos alle Viere von sich und ertrank.

Der zweite Frosch dagegen ruderte und ruderte …

Als der Morgen graute, saß er auf einem Klümpchen Butter, das er selbst mit seinen Füßen geschaffen hatte, und rettete sich mit einem Riesensprung ins Freie.

Der Bauer fand im Eimer den Frosch, der aufgegeben hatte, tot vor.

Nach einer Fabel von Äsop

Wenn es ums Überleben geht, ist Aufgeben tödlich. Und erfahrungsgemäß entfaltet unser Überlebenstrieb auch die letzten Kraftreserven und lässt uns fast übermenschliche Energien mobilisieren. Doch wie sieht es im Alltag aus, wenn es weder um Leben und Tod noch um unser großes Lebensziel geht? Wenn man die Fähigkeit entwickeln will, Misserfolge in

Sprungbretter für kommende Erfolge zu verwandeln, sind drei Schritte hilfreich:

1. *Annehmen*: Den Misserfolg schlicht und ergreifend als Tatsache akzeptieren – ohne sich selbst zu beschuldigen oder in sogenannter »Opferhaltung« anderen jammernd dafür die Schuld zu geben. Das bedeutet bestenfalls, sich zu sagen: Die Niederlage ist eine Chance, etwas zu lernen und innerlich zu reifen.
2. *Anschauen*: Die Ursachen ergründen, Fehler erkennen und damit aus der Niederlage lernen, um Misserfolgen der gleichen Art in Zukunft vorzubeugen.
3. *Aufstehen*: Weitergehen und dabei das Erfahrene mit berücksichtigen, um es das nächste Mal besser zu machen.

Fragen zum Nachdenken

- Welche Misserfolge oder Niederlagen waren in meinem Leben wirklich wichtig, und was habe ich durch sie gelernt?
- Wer oder was hilft mir am meisten, mit einem Misserfolg fertig zu werden?
- Wie kann ich anderen Menschen helfen, wenn sie nach einer Niederlage »am Boden liegen«?

ALLEINSEIN

In ihrem Buch *Muscheln in meiner Hand* schreibt Anne Morrow Lindbergh:

> *Jeder Mensch sollte einmal im Jahr, einmal in der Woche, einmal am Tag allein sein. – Was (aber) die Suche nach dem Alleinsein angeht, so leiden wir in einer abträglichen Atmosphäre, die so unsichtbar, so allgegenwärtig und so zermürbend ist wie die feuchte Hitze eines August-Nachmittages. Die Welt von heute versteht weder das Bedürfnis der Frau noch des Mannes, allein zu sein. – Wie unerklärlich uns das erscheint! Jede andere Entschuldigung wird eher angenommen. Die Zeit, die wir uns für eine geschäftliche Verabredung, für den Friseur, für eine Einladung oder für Einkäufe nehmen, wird respektiert. Sagt man aber: ich kann nicht kommen, denn das ist die Stunde, die ich ganz für mich allein reserviert habe, dann gilt man als ungezogen, egoistisch oder als Sonderling. Was wirft es für ein Licht auf unsere Zivilisation, wenn das Bedürfnis nach Einsamkeit verdächtig erscheint; wenn man sich dafür entschuldigen, wenn man es verbergen muss wie ein geheimes Laster!*

Was dieses Alleinsein uns unter anderem geben kann, umschreibt die folgende Geschichte:

Zu einem Eremiten, der schon seit Jahren in einer Höhle lebte, kamen eines Tages Pilger. Sie fragten ihn: »Was für einen Sinn siehst du in deinem Leben der Stille?« – Der Mönch war eben beschäftigt mit dem Schöpfen von Wasser aus einer Zisterne. Er sprach zu seinen Besuchern: »Schaut in die Zisterne, was seht ihr?« – Die Leute blickten in die tiefe Zisterne. »Wir sehen nichts«, meinten sie. – Als einige Zeit vergangen war, forderte der Einsiedler die Leute wieder auf: »Schaut in die Zisterne. Was seht ihr?« – »Jetzt sehen wir uns selbst.« – Der Einsiedler sprach: »Schaut, als ich vorhin Wasser schöpfte, war das Wasser unruhig. Jetzt ist das Wasser ruhig. Das ist die Erfahrung der Stille: Man sieht sich selbst.«

In der Tat: Je geschäftiger und hektischer unser Alltagsleben ist, desto wichtiger werden Zeiten, in denen wir allein sein können, um innerlich wieder aufzuatmen und aufzutanken. Zeiten, ganz und ausschließlich für uns allein, ohne dass wir irgendetwas Bestimmtes tun müssen. Zeiten des »Seins«, nicht des »Tuns«, in denen wir die Stille nur als Angebot und Möglichkeit erleben – nicht als Pflicht. Wir müssen uns wieder »Zeitinseln der Stille« erobern, Orte der Stille erkunden und experimentieren, wie wir Stille am besten aushalten können und mit ihr vertraut werden, um uns in ihr wieder selbst begegnen zu können. Am besten wir arrangieren wiederholt ein »Rendezvous mit uns selbst«, dann sind wir verabredet, mit der Stille und uns!

Fragen zum Nachdenken

- Habe ich genügend Zeit für mich allein?
- Was hindert mich daran, mehr Zeit für mich allein zu haben?

- Wie geht es mir in der Stille? Fällt es mir schwer, allein Stille auszuhalten?
- Auf welche Weise könnte ich Zeitinseln der Stille und des Alleinseins so in meinen Alltag integrieren, dass ich mich wohl damit fühle?

TEILEN

Edel, aber auch etwas weltfremd wirkt auf viele die Geschichte vom Heiligen Martin, der seinen Mantel teilte, um einem Erfrierenden zu helfen. Zu teilen, was wir haben, und davon abzugeben, hat heute einen anderen Stellenwert als vor etlichen Jahrzehnten, in denen im westlichen Kulturkreis die Werte des Christentums nahezu unhinterfragt galten. Warum teilen, wenn nicht mehr gesichert ist, mir damit meine Eintrittskarte ins Paradies zu reservieren? In manchen Situationen mag es ja noch sinnvoll sein, Hilfsbedürftigen etwas vom eigenen Überfluss abzugeben, wie 2004 das große Engagement für die Opfer der Tsunamikatastrophe gezeigt hat, aber darüber hinaus? Mit wirtschaftlich ähnlich situierten Menschen oder sogar mit Konkurrenten zu teilen – ein solcher Rat mag wohl eher befremden als einleuchten. Und doch:

Ein Farmer, dessen Mais auf der staatlichen Landwirtschaftsmesse immer den ersten Preis gewann, hatte die Angewohnheit, seinen besten Samen mit allen Farmern der Nachbarschaft zu teilen.

Als man ihn fragte, warum er das täte, sagte er: »Eigentlich liegt es in meinem ureigensten Interesse. Der Wind trägt die Pollen von einem Feld zum anderen. Wenn also meine Nachbarn minderwertigen Mais züchten, vermindert die Kreuzbestäubung auch die Qualität meines

Kornes. Darum liegt mir daran, dass sie nur den allerbesten anpflanzen.«

Zu teilen kann also aus verschiedenen Gründen sinnvoll sein:

- Aus moralisch-sittlichen Motiven, vor allem religiösen Ursprungs.
- Weil das Engagement für andere als solches einen selbst seelisch bereichert – gewissermaßen der *instant return on investment.* Insofern braucht es auch keine spätere Belohnung für unsere guten Taten, denn wir werden innerlich im Augenblick des Teilens durch unsere gute Tat belohnt. Es gibt unserem Leben einen tieferen Sinn.
- Schließlich, weil wir auch einen realen Nutzen davon haben können, wie in der Geschichte des geteilten Samens.

Auch im Wirtschaftsleben kann es unter diesem Aspekt sinnvoll sein, mit Geschäftsleuten, Nachbarn, ja sogar Mitbewerbern zu teilen. Der »beste Samen« könnte stehen für das eigene Know-how, Beziehungen, Vertriebswege und Kunden. In manchen Fällen kann es für beide Seiten von Nutzen sein, sich auszutauschen und Bälle zuzuspielen, ohne dass jemand dabei etwas verliert. Habe ich beispielsweise bei einer Firma einen Vortrag auf einer Jahresversammlung gehalten und weiß, dass dort üblicherweise jedes Jahr ein neuer Redner eingeladen wird, so kann ich ohne Schaden einen guten Trainerkollegen empfehlen oder ihm die nötigen Informationen weitergeben. Es ist nicht ganz unwahrscheinlich, dass er sich umgekehrt auch einmal ähnlich verhalten wird. – Und wenn es nicht nur aus Berechnung erfolgt, ist die Gefahr auch nicht so groß, enttäuscht zu werden, wenn der Ball nicht zurückgespielt wird.

Interessanterweise sind Menschen, die viel teilen, nicht nur sehr beliebt und finden meistens Unterstützung, wenn sie selbst einmal Hilfe brauchen – in der Regel sind sie auch zufriedener und erfüllter als solche, die alles angstvoll horten und für sich behalten.

Übrigens muss es keineswegs immer etwas Großes und Bedeutendes sein: Auch ein geteiltes Lächeln bewirkt eine gegenseitige Bereicherung.

Fragen zum Nachdenken

- Was ist der »Samen«, den ich teilen könnte?
- Was hindert mich, mehr davon zu geben?
- Welche praktischen Möglichkeiten könnte es geben, im Sinne einer »Win-win-Lösung« Synergien durch Teilen zu schaffen?

DER ABGESCHIRMTE MENSCH

Technik erleichtert in vielen Bereichen unser Leben, sei es in der Kommunikation, in Produktionsprozessen oder zum Beispiel auch in der Medizin. Aber so, wie bei technischen Geräten viele Kabel zum Schutz vor störenden Strahlungen abgeschirmt werden, so schirmt die Technik auch uns oft von der ursprünglichen, natürlichen Welt ab. Kein Problem der Neuzeit im Übrigen, wie die folgende Erzählung zeigt:

Im Orient wollte einst ein König seinen Untertanen eine Freude bereiten und brachte ihnen, die keine Uhr kannten, von einer Reise eine Sonnenuhr mit.

Sein Geschenk veränderte das Leben der Menschen im Reich. Sie begannen, die Tageszeiten zu unterscheiden und ihre Zeit einzuteilen. Sie wurden pünktlicher, ordentlicher, zuverlässiger und fleißiger und brachten es zu großem Reichtum und Wohlstand.

Als der König starb, überlegten sich die Untertanen, wie sie die Verdienste des Verstorbenen würdigen könnten. Und weil die Sonnenuhr das Symbol für die Gnade des Königs und die Ursache des Erfolges der Bürger war, beschlossen sie, um die Sonnenuhr einen prachtvollen Tempel mit goldenem Kuppeldach zu bauen.

Doch als der Tempel vollendet war und sich die Kuppel über der Sonnenuhr wölbte, erreichten die Sonnenstrahlen die Uhr nicht mehr. Der Schatten, der den Bürgern die Zeit gezeigt hatte, war verschwunden, da die Sonnenuhr, der gemeinsame Orientierungspunkt, nun verdeckt war. Der eine Bürger vergaß seine Pünktlichkeit, der andere seine Zuverlässigkeit, der dritte war nicht mehr fleißig.

Jeder ging seiner Wege, und das Königreich zerfiel wieder.

Auch unsere innere Sonnenuhr, das, was uns Orientierung im Leben gibt, ist oft abgeschirmt von den Sonnenstrahlen, von der *Unmittelbarkeit des Lebens.* So, wie sich in der Erzählung das goldene Kuppeldach über die Sonnenuhr wölbt, so schaffen wir uns eine in vielen Bereichen künstliche Welt, die uns den unmittelbaren Kontakt zur Natur mehr und mehr verlieren lässt.

- Aus klimatisierten Gebäuden und Verkehrsmitteln blicken wir durch Fenster, die häufig gar nicht mehr zu öffnen sind.
- Das Leben und Geschehen auf der Welt rückt zwar näher, doch erreicht es uns oft nur noch mittelbar über die Bildschirme unserer Fernseher und Computer.
- Begegnungen finden häufig nicht mehr real, sondern virtuell statt: in Chat-Rooms und Internet-Datings. Und so mancher körperlich-sinnliche Kontakt hat im Wettbewerb mit den leicht verfügbaren und unverbindlichen Online-Sex-Angeboten verloren.
- Handgeschriebene Briefe sind zur Rarität geworden: E-Mails und SMS einschließlich boomender Abkürzungen haben sie ersetzt.
- Fast Food, Fertiggerichte und Konserven haben Selbstkochen und gemeinsamen Mahlzeiten in der Familie den Rang abgelaufen.

All dies sind Elemente unseres goldenen Kuppeldachs, das uns mit seinen künstlichen Surrogaten abschirmt von der Unmittelbarkeit des Lebens: im Kontakt mit Menschen und der Natur, bei unseren Tätigkeiten, in der Ernährung und vielem sonstigen

Erleben. Ohne das Sonnenlicht der Unmittelbarkeit der Lebenselemente kann auch unsere Sonnenuhr, unser inneres Orientierungsorgan nicht mehr richtig funktionieren. Und mit der Orientierung verlieren wir uns selbst. »Das Königreich zerfiel wieder«, das heißt, es verliert seine Mitte. So auch wir: Je mehr auch wir unsere Mitte verlieren, desto zerrissener fühlen wir uns, ohne dass wir in der uns umgebenden Ersatzwelt Halt und Orientierung finden können.

Was tun? Schon vor über zweihundert Jahren folgten viele dem Jean-Jacques Rousseau zugeschriebenen Aufruf »Zurück zur Natur«, landeten damit allerdings wieder in einem anderen Extrem. Es geht nicht darum, alle Technik und die Errungenschaften der Moderne wieder über Bord zu werfen (zumal sie unser Leben ja auch erleichtern), sondern: sich erstens bewusst zu werden, was einem die Technik an Unmittelbarkeit des Lebens nehmen kann, was einem dadurch verloren gehen kann, ohne dass man es meistens noch merkt, und zweitens ab und an mal wieder »unabgeschirmt« zu agieren, um zu erfahren, wie gut das tun kann. Mit anderen Worten: manches wieder selbst zu tun, manche Tätigkeiten oder Vorhaben »enttechnisieren«, Nischen der Unmittelbarkeit schaffen: Wir können hinausgehen in die Natur, für eine mehrtägige Wanderung oder auch nur für einen Spaziergang im Park. Wir können ab und zu wieder selbst kochen und mit Freunden ein Essen zelebrieren, persönliche Briefe bisweilen wieder per Hand schreiben, Fernsehabende durch den einen oder anderen Theater- oder Konzertbesuch ersetzen, einen Urlaub ohne Pauschalreise auf ganz einfache Weise oder gar in einem Kloster verbringen ... – Wege zurück zur Unmittelbarkeit gibt es genug, zu einer Unmittelbarkeit des Erlebens, in der die Sonnenstrahlen Sie direkt erreichen, Ihre innere Sonnenuhr wieder aktiviert wird und Sie Ihre Mitte wiederfinden können.

Fragen zum Nachdenken

- Was schirmt mich in meinem Leben ab und verbaut meine Sonnenuhr?
- Bei welchen Gelegenheiten komme ich mit meiner Mitte in Kontakt und spüre meine innere Orientierung besonders gut?
- Welche Möglichkeiten hätte ich, in meinem Leben die Unmittelbarkeit von Begegnungen und Erleben zu intensivieren, sozusagen Fenster in der goldenen Kuppel zu öffnen?

GLÜCK ODER UNGLÜCK

Können Sie sich daran erinnern, als Sie zum ersten Mal – möglicherweise verblüfft – die konträren Deutungsmöglichkeiten eines Vexierbildes wahrgenommen haben? Und warum wohl sind diese Bilder für viele Menschen so faszinierend? Vielleicht liegt es daran, dass sie je nach Betrachtungsweise völlig unterschiedliche Interpretationen des gleichen Phänomens zulassen. Eines der bekanntesten dieser Bilder zeigt eine Frau, die je nachdem, wie man das Bild ansieht, als junge, elegante Dame oder als griesgrämige Alte erscheint.

Das Raffinierte an diesen Bildern ist: Wer sich vorschnell auf eine Darstellung festlegt, braucht oft recht lange, bis er auch die zweite Sichtweise findet. Wer also zu schnell bewertet und deutet, der sieht nur die halbe Wahrheit. Auch im realen Leben kommt es häufig zu Situationen, deren ganze Tragweite sich nicht sofort erschließt:

Eine sehr alte chinesische Tao-Geschichte erzählt von einem Bauern in einer armen Dorfgemeinschaft.

Man hielt ihn für gut gestellt, denn er besaß ein Pferd, mit dem er pflügte und Lasten beförderte.

Eines Tages lief sein Pferd davon.

Alle seine Nachbarn beklagten ihn, wie schrecklich das sei, aber der Bauer meinte nur: »Vielleicht.«

Ein paar Tage später kehrte das Pferd zurück und brachte zwei Wildpferde mit.

Die Nachbarn beneideten ihn nun, weil er so ein Glück hatte, aber der Bauer sagte nur: »Vielleicht.«

Am nächsten Tag versuchte der einzige Sohn des Bauern, eines der Wildpferde zu reiten.

Das Pferd warf ihn ab, und er brach sich ein Bein. Die Nachbarn übermittelten ihm ihr Mitgefühl für dieses Missgeschick, aber der Bauer antwortete wieder nur: »Vielleicht.«

In der nächsten Woche kamen Rekrutierungsoffiziere ins Dorf und holten alle jungen Männer zur Armee. Den Sohn des Bauern wollten sie nicht, weil sein Bein gebrochen war.

Als die Nachbarn kamen, um ihm zu sagen, was für ein Glück er habe, antwortete der Bauer: »Sagt einfach, sie haben meinen Sohn nicht mitgenommen. Wir sehen nur einen kleinen Teil des Ganzen, und ob das Glück oder Unglück ist, wissen wir nicht.«

Wie bei einer Medaille haben viele Dinge nun mal zwei Seiten. Die andere Seite ist zunächst verborgen und wird erst erkennbar, wenn man die Medaille umdreht.

Manchmal offenbart sich diese andere Seite *durch zeitliche Entwicklung*, wie in der obigen Geschichte vom chinesischen Bauern. Haben Sie nicht auch schon die Erfahrung gemacht, dass sich so manches zunächst unerwünschte Ereignis rückblickend als positiv für Ihr Leben und Ihre Entwicklung erwiesen hat? Und sei es auch nur dadurch, dass die Bewältigung dieser Schwierigkeit Ihre Standkraft gestärkt hat. Wer oft vom Surfbrett fällt, verliert mit der Zeit die Angst davor und gewinnt mehr und mehr Standfestigkeit in den Wellen. So können sich manche Krisen im Nachhinein als »Sprungbretter für spätere Erfolge« erweisen. (Mehr zu diesem Aspekt finden Sie in dem Kapitel »Misserfolg«, S. 13).

In manchen Fällen kann es aber auch gelingen, *selbst* den Blick auf die andere Seite der Medaille zu werfen und in der Krise schon die Chancen zu erkennen. Nicht umsonst ist das chinesische Zeichen für Krise, Wai-Chi, zugleich das Zeichen für Chance. Die Schlüsselfragen, um die Perspektive bewusst zu wechseln, lauten:

- Was bringt dies Ereignis möglicherweise an positiven Begleiteffekten mit sich (auch wenn diese nicht sofort erkennbar sind)?
- Was kann ich daraus lernen?

So kann eine unerwünschte Krankheit die Möglichkeit mit sich bringen, sich endlich einmal auszuruhen und etwas Zeit für sich zu haben. Für einen anderen ist der Verlust des Arbeitsplatzes die Chance, einen lang gehegten Plan Wirklichkeit werden zu lassen und endlich als Selbstständiger Erfolg zu haben. Sicherlich ist dies umso schwieriger, je schwerer ein Schicksalsschlag ist. Bei Naturkatastrophen zum Beispiel lassen sich die Antworten in der Regel erst auf einer anderen Ebene, im größeren Zusammenhang finden. So sind große Unglücksfälle mit zahlreichen Opfern häufig der Anlass, Sicherheitssysteme und Abläufe bei den Rettungshandlungen zu optimieren. Die Tunnelbrände der vergangenen Jahre haben zum Beispiel einen solchen Umdenkprozess in Gang gesetzt, und als Folge des Tsunami im Dezember

2004 wurde ein längst überfälliges Frühwarnsystem installiert, das in Zukunft vor den verheerenden Folgen solcher Seebeben schützen soll.

All dies soll und kann die Schwere der Leiden für die unmittelbar Betroffenen nicht beseitigen, aber der Blick auf die mögliche andere Seite der Medaille kann uns die Fähigkeit geben, souveräner zu agieren, unseren Blick zu weiten und damit Schwierigkeiten besser zu meistern.

Natürlich gilt dies, wie in der Geschichte vom davongelaufenen Pferd, auch umgekehrt für vermeintlich glückliche Zufälle. Manchmal bewahrheitet sich auch hier des Spruch: »Wie gewonnen, so zerronnen.« Nicht wenige haben durch den Börsencrash vor einigen Jahren ihre sensationellen Aktiengewinne in kurzer Zeit wieder verloren. Mit der inneren »Vielleicht«-Haltung kann man sich vor allzu großer Enttäuschung bewahren. Dies soll kein Appell zu teilnahmsloser Distanziertheit sein – es ist menschlich und gut, sich über Glücksfälle zu freuen. Doch lebt man freier, wenn man sich die innere Bereitschaft erhält, wieder loszulassen.

Fragen zum Nachdenken

- Welche zunächst unglücklichen Ereignisse in meinem Leben haben sich im Nachhinein als für mich und meine Entwicklung positiv erwiesen?
- Wann habe ich schon erlebt, dass mir das glücklich Zugefallene wieder zerronnen ist?
- Bei welchen mich derzeit belastenden Dingen in meinem Leben könnte ich mit dem Blick auf die andere Seite der Medaille auch positive Begleiteffekte für mich entdecken?

NICHT BEWERTEN

Ohne Bewertungen durchs Leben zu gehen, erscheint zunächst unmöglich. Und tatsächlich ist es überlebenswichtig, unterscheiden zu können zwischen schädlich und unschädlich, zwischen Feind und Freund, zwischen giftig und ungiftig. Aber so nützlich Bewertungen sind, so können sie doch Ursache zahlreicher Probleme sein.

Am Strand des Meeres wohnten drei alte Mönche. Sie waren so weise und fromm, dass jeden Tag ein kleines Wunder für sie geschah. Wenn sie nämlich morgens ihre Andacht verrichtet hatten und zum Bade gingen, hängten sie ihre Mäntel in den Wind.

Und die Mäntel blieben im Wind schweben, bis die Mönche wiederkamen, um sie zu holen.

Eines Tages, als sie sich wieder in den Wellen erfrischten, sahen sie einen großen Seeadler übers Meer fliegen.

Plötzlich stieß er auf das Wasser herunter, und als er sich wieder erhob, hielt er einen zappelnden Fisch im Schnabel.

Der eine Mönch sagte: »Böser Vogel.« Da fiel sein Mantel aus dem Wind zur Erde nieder, wo er liegen blieb.

Der zweite Mönch sagte: »Du armer Fisch.« Und auch sein Mantel löste sich und fiel auf die Erde.

Der dritte Mönch sah dem enteilenden Vogel nach, der

den Fisch im Schnabel trug. Er sah ihn kleiner und kleiner werden und endlich im Morgenlicht verschwinden.
Der Mönch schwieg. Sein Mantel blieb im Winde hängen.

Nicht zu bewerten wird hier als Voraussetzung für die Wunderkraft der Mönche dargestellt. Aber ist das überhaupt möglich? Können wir überhaupt ohne Bewertungen durchs Leben gehen, wo doch von den Wertungen wenn schon nicht mehr unser Überleben, so doch unser Wohlergehen abzuhängen scheint?

Gleichzeitig gehören Bewertungen und Verurteilungen zu den Grundursachen, die im Umgang der Menschen miteinander zu vielen Konflikten, Kriegen und Auseinandersetzungen geführt haben. Im Namen des jeweils »rechten Glaubens« sind unzählige »Falschgläubige« weltweit auf Scheiterhaufen ums Leben gekommen oder wurden zu Tode gesteinigt. Selten ist es den Menschen an den Schalthebeln von Macht und Einfluss gelungen, Andersdenkende ohne Bewertung oder Verurteilung einfach zu tolerieren und zu respektieren. Und dies gilt genauso im Umgang mit uns selbst: Der griechische Philosoph Epiktet schrieb vor bald 2000 Jahren in seinem *Buch vom geglückten Leben*:

Sache des Unwissenden ist es, andere wegen seines Missgeschicks anzuklagen;
Sache des Anfängers in der Weisheit, sich selbst anzuklagen;
Sache des Weisen, weder einen anderen noch sich selbst anzuklagen.

Doch genau die Menschen, die diese Fähigkeit haben, sind Gold wert. Ob als Mächtige, Mönche oder ganz normale Alltagspersonen. Menschen, die andere nicht bewerten, beurteilen oder gar verurteilen, haben eine ausgesprochen wohltuende Wirkung auf ihre Umgebung. Denn Bewertungen und Abwertungen können wie Schläge sein, die andere tief verletzen. Erst wenn wir einfach so sein können, wie wir sind, ohne Angst, be- oder verurteilt zu werden, können wir innerlich aufatmen und uns frei fühlen.

Doch wie schwer ist es, etwas anzuschauen, *ohne* es sofort zu bewerten? Um unser Überleben zu sichern, hat uns die Natur mit einem *Bewertungsautomatismus* ausgestattet, der alles um uns herum ständig prüft und beurteilt in +, – oder o. »Gut, schlecht, neutral, schlecht, gut, gut, sehr gut, neutral, sehr schlecht …«, so tickt es dauernd in unserem Kopf, und meistens ohne dass wir es bemerken. Freiheit dagegen beginnt, wo wir Geschehnisse bewusst anschauen können, ohne sie zu bewerten.

Wie geht das? Wie können wir es schaffen, aus diesem unbewussten Automatismus auszusteigen? Drei Schritte können dabei helfen:

1. *Die eigene Bewertung bewusst wahrnehmen.* Oft halten wir unsere Kommentare für die Feststellung von Tatsachen und merken gar nicht, dass wir etwas bewerten. »Böser Vogel« würden vielleicht die ersten beiden Mönche geantwortet haben, »aber der ist doch böse, wenn er den armen Fisch schnappt und damit davonfliegt!« – Mag sein, dass dieser Vorgang nicht mit ihrem Wertesystem vereinbar ist. Dennoch ist es die Bewertung eines an sich völlig neutralen und natürlichen Geschehens.
2. *Das Geschehen nüchtern und sachlich benennen.* »Ein Seeadler fängt einen Fisch und fliegt damit davon.«
3. *Die eigenen Gefühle dazu wahrnehmen*: Die Empörung darüber, der Ärger, der Zorn, das Mitgefühl oder auch in anderen Fällen die eigene Freude, die Faszination, das Begehren, die Sehnsucht. In ihnen kommt das eigene Wertesystem zum Ausdruck. Dann könnte einer der Mönche bewusst sagen: »Wenn ich sehe, wie der Seeadler den Fisch fängt, fühle ich Mitleid und Zorn, denn der Stärkere sollte den Schwachen schonen.« Die Kunst besteht darin, auch die eigenen Gefühle

nicht zu werten, sondern einfach *mit neugierigem Interesse zu erforschen* und anzuschauen. »Aha, interessant, wenn ich das sehe, dann erlebe ich Ärger und Wut.«

Das ist keineswegs einfach und mag am Anfang vielleicht etwas künstlich erscheinen, doch ist es ein entscheidender Weg zu bewusster Selbstwahrnehmung und zur Selbstreflexion über das eigene (uns meist unbewusst steuernde) Wertesystem. Wenn wir es hin und wieder schaffen, einfach wahrzunehmen, ohne es sofort zu bewerten – oder zumindest die eigene automatische Wertung zu erkennen –, dann »bleibt auch unser Mantel im Wind stehen«.

Das heißt keinesfalls, die eigenen Werte aufzugeben oder überall tatenlos zuzusehen. Wenn ich sehe, wie ein Junge dabei ist, einer alten Frau in der U-Bahn die Geldbörse aus der Tasche zu ziehen, werde ich höchstwahrscheinlich sofort handeln. Doch es ist nicht notwendig, den Jungen dabei innerlich zu verurteilen – das ist allenfalls später Aufgabe des Richters. Wahrscheinlich werde ich auch Empörung über den Jungen und Mitleid mit der Frau empfinden. Doch um souverän zu handeln, bedarf es nicht der Bewertungen: »böser Junge – arme Frau«. Erstaunlicherweise würde diese Beurteilung sich bei vielen auch sofort auflösen, wenn sie erführen, dass der Junge das Geld aus Not entwenden wollte, um seiner schwerkranken Schwester lebensnotwendige Medizin zu kaufen, während die alte Frau das Geld von ihrer Nachbarin erpresst hatte. – Und Seeadler leben nun mal vom Fischfang, sonst würden sie sterben.

Fragen zum Nachdenken

- Bin ich mir ab und zu meiner automatischen Bewertungen bewusst, die immer wieder in mir auftauchen?

- Was sind die Dinge, die mich am meisten ärgern und abstoßen, und was gefällt mir und zieht mich am meisten an?
- Welche meiner Werte und Bedürfnisse kann ich dabei erkennen?

MOTIVATION

Ein Manager, der gerade von einem Motivationsseminar zurückgekommen war, sagte zu seinem Angestellten:

»Von heute an sollen Sie Ihre Arbeit selbst planen und kontrollieren. Ich bin überzeugt, dass dadurch die Produktion beträchtlich steigen wird.«

»Bekomme ich auch mehr Geld?«, fragte der Angestellte.

»Aber nein. Geld und Gehaltserhöhungen sind zur Motivation nicht besonders geeignet und bringen keine wirkliche Befriedigung.«

»Wenn die Produktion aber tatsächlich steigt, bekomme ich dann mehr Geld?«

»Hören Sie«, sagte der Manager. »Offensichtlich verstehen Sie nicht, dass ich Sie motivieren möchte. Nehmen Sie dieses Buch mit nach Hause, und lesen Sie es. Sie werden daraus lernen, was wirklich motiviert.«

Beim Hinausgehen fragte der Mann: »Wenn ich das Buch gelesen habe, bekomme ich dann mehr Geld?«

Wie bringt man einen störrischen Esel zum Laufen? Die beiden häufigsten Motivationsmethoden sind KITA und Karotte: Entweder Sie treten ihn, Sie geben ihm gewissermaßen einen »Kick In The Ass«, oder Sie lassen ihn an einer Karotte knabbern, gehen ein Stück weg und er folgt, weil er die Karotte will. KITA ist »Motivation« durch Druck, Drohung, Sanktionen, Vorhaltungen, schlechtes Gewissen usw.; Karotten dagegen stehen für Motivation durch Belohnung, Beförderung, Prämien, Tantiemen, Gehaltserhöhung und ähnliche Mittel. Der Karottenmotivierte wird immer fragen: »Bekomme ich dann mehr Geld?« – Beide Methoden funktionieren weltweit: zwischen Chefs und Mitarbeitern, zwischen Ehepartnern, zwischen Eltern und Kindern wie auch zwischen Kunden und Anbietern. Der einzige Nachteil ist, dass der Esel stehen bleibt, wenn man aufhört zu treten; ebenso, wenn man keine Karotten mehr zum Nachlegen hat.

Ganz anders wird es aussehen, wenn die Motivation aus der Tätigkeit als solcher entsteht: Der Esel läuft, weil er Lust hat zu laufen. Das ist der große Unterschied zwischen *Geldmotivation* und *Tätigkeitsmotivation.* Wenn ich arbeite, weil mir die Arbeit an sich Freude macht, dann kommt es nicht primär auf die Entlohnung an, die ich bekomme. Wohlgemerkt: nicht primär! Denn natürlich hat das Geld auch eine maßgebliche Bedeutung, da der »Luxus« der Tätigkeitsmotivation erst möglich ist, wenn finanzielle Sicherheit für das Lebensnotwendige gewährleistet ist – mag auch jeder Mensch das für ihn Lebensnotwendige anders definieren. Wer aber nur um des Geldes willen arbeitet, muss die eigentliche Belohnung nach 17 Uhr suchen und in seiner Freizeit das nachholen, was er während der Arbeit an Spaß und Lebenserfüllung versäumt hat – und umso größer wird wiederum sein Geldbedarf, um seine Freizeit zu finanzieren. Dann ist die Arbeit nur Mittel zum Zweck. Erfüllter lebt dagegen, wer schon bei der Arbeit selbst Spaß hat und *durch* seine Arbeit Erfüllung findet, also der Tätigkeitsmotivierte.

Die Frage ist nur, was die Voraussetzungen für die Motivation aus der Sache sind. In erster Linie sind es zwei:

- Die Tätigkeit muss herausfordernd sein, ohne mich allerdings zu überfordern. Wenn die Herausforderung die eigenen Fähigkeiten übersteigt, gerät man unweigerlich in Stress; wenn sie einen dagegen im Verhältnis zu den eigenen Fähigkeiten unterfordert, so entsteht Langeweile. Beides ist auf Dauer nicht zu ertragen: Überforderung und Unterforderung sind die Motivationskiller Nummer eins. Spaß macht eine Sache nur, wenn sie einen in gewisser Weise fordert, ohne einen allerdings zu überfordern. Daher gilt es, bei seiner Arbeit immer wieder neue, herausfordernde Aufgaben zu suchen und gleichzeitig darauf zu achten, die Latte nicht zu hochzulegen. Wer diese Balance herstellen kann, schafft die ideale Voraussetzung für das Entstehen der eigenen Motivation und für die Freude an der betreffenden Tätigkeit.

- Ich muss einen Sinn in meiner Arbeit sehen. Zahlreiche Umfragen haben ergeben, dass unabhängig von Einkommen, Rang und Status diejenigen in ihrem Beruf zufriedener und motivierter sind, die einen Sinn in ihrer Tätigkeit sehen: sei es, dass sie sich für ihre Arbeitskollegen, das Unternehmen oder für ihre Kunden einsetzen oder sich für die Produkte, die sie herstellen, begeistern. Und je größer das Projekt ist, zu dem sie einen Beitrag leisten, desto stärker ist die Motivationskraft, die der Sinn ihnen vermittelt. Dies veranschaulicht auch die vielzitierte Geschichte der Steinmetzen:

  Drei Steinmetze arbeiten auf einer Baustelle. Ein Passant fragt sie danach, was sie tun. Der erste Steinmetz räumt mürrisch Steine zusammen und sagt: »Ich verdiene meinen Lebensunterhalt.« Der zweite Steinmetz klopft mit wichtiger Miene weiter auf seinen Stein, während er antwortet: »Ich liefere die beste Steinmetzarbeit weit und breit.« Der dritte Steinmetz aber schaut den Fragenden ruhig und mit glänzenden Augen an und sagt: »Ich baue eine Kathedrale.«

Ohne die beiden genannten Voraussetzungen wird echte Tätigkeitsmotivation kaum entstehen. Fraglich bleibt allerdings, ob man dies als Führungskraft primär geldmotivierten Menschen, wie in der ersten Geschichte, vermitteln kann. Zumindest aber kann man so weit möglich darauf achten, dass die Mitarbeiter auf Dauer weder über- noch unterfordert werden, und gegebenenfalls gegensteuern. Jedenfalls ist dies eine der grundlegenden Führungsaufgaben. Außerdem gilt es den Sinn zu vermitteln, den die jeweilige Arbeit für das Gesamtunternehmen hat, und auch welche Ziele das Unternehmen insgesamt verfolgt – außer Profit zu machen –, also ihren Mitarbeitern zu vermitteln, an welcher »Kathedrale« sie mitbauen.

Fragen zum Nachdenken

- Was motiviert mich am meisten an meiner Arbeit?
- Wie wichtig ist mir mein Einkommen?
- Was ist meine »Kathedrale«, an deren Errichtung ich mitwirke?
- Womit kann ich andere außer mit Geld motivieren?

Tipp: Erstellen Sie für sich eine Liste Ihrer Hauptmotivatoren und ordnen Sie diese in einer Hierarchie.

VERGÄNGLICHKEIT

»*Memento mori*, bedenke, dass du einmal sterben musst«, lautet die alte Aufforderung aus antiker Philosophie, doch begegnet einem die Ermahnung, sich mit der Vergänglichkeit des Lebens und dem Tod auseinanderzusetzen, in fast allen religiösen Traditionen und Weisheitsbüchern. Im Gegensatz zu den östlichen Kulturen, in deren Alltag Tod und Sterben integriert und präsent sind, die also einen eher natürlichen Umgang damit haben, wird in unserer westlichen Zivilisation dieses Thema tabuisiert und aus dem normalen Leben so weit es geht ferngehalten. Und in der Tat ist es zunächst für die wenigsten angenehm, sich mit der Endlichkeit des eigenen Lebens auseinanderzusetzen, auch dann nicht, wenn sie aufgrund ihrer Weltanschauung an ein Weiterleben nach dem Tode glauben. Die Angst vor dem Tod ist eine der stärksten uns angeborenen Ängste. »Warum soll ich mich jetzt damit beschäftigen und mich damit belasten? Dafür ist im Alter noch genug Zeit. Ich will lieber die Gegenwart unbeschwert genießen und den Augenblick auskosten.« So denken viele, und vordergründig ist diese Einstellung ja auch sinnvoll.

Paradoxerweise kann uns aber gerade die Auseinandersetzung mit dem Tod und unserer Sterblichkeit befähigen, den gegenwärtigen Augenblick noch intensiver wertzuschätzen und zu genießen. Denn nur aufgrund der Endlichkeit entsteht die Kostbarkeit unseres gegenwärtigen Lebens. Würden wir unbegrenzt und ewig leben, hätte der heutige Tag keinen Wert. Alles, was wir im Überfluss haben, würde seine Bedeutung und Kostbarkeit für uns verlieren. Wenn ein Stadtmensch zwei Wochen Urlaub in der Südsee verbringen kann, ist er wahrscheinlich jeden Tag von neuem vom Anblick des Meeres begeistert und mag sich wundern, dass der Palmenstrand für die Einheimischen zur Selbstverständlichkeit geworden ist und damit auch keine Kostbarkeit darstellt. Und so mancher, der davon träumte, eine bestimmte Sache zu besitzen, und hoffte, dadurch sein Lebensglück zu steigern, musste – bewusst oder unbewusst – die Erfahrung machen, dass diese Sache nach einiger Zeit zum nun ständig verfügbaren und selbstverständlichen Lebensinventar gehörte und somit ihren emotionalen Wert einbüßte. – Eine Stunde mit einem vermissten und geliebten Menschen ist wahrscheinlich intensiver und kostbarer als ein Tag mit einer ebenso geliebten Person, mit der wir unbegrenzte Zeit zur Verfügung haben. Daher kann das Memento mori und die Auseinandersetzung mit der eigenen Sterblichkeit dazu führen, in der Gegenwart bewusster, dankbarer und intensiver zu leben.

Dass das Bewusstsein der Endlichkeit des Lebens zu einem Tor zur inneren Freiheit und Erfüllung werden kann, kommt im folgenden Text zum Ausdruck. In seinem 2004 erschienenen Roman *Nachtzug nach Lissabon* lässt Pascal Mercier eine der beiden Schlüsselfiguren, den portugiesischen Arzt Amadeu Prado, folgende Gedanken äußern:

> *Memento mori. (...) Sich darauf besinnen, was man eigentlich möchte. Das Bewusstsein der begrenzten, ablaufenden Zeit als Kraftquelle, um sich eigenen Gewohnheiten und Erwartungen, vor allem aber den Erwartungen und Drohungen der anderen entgegenzustemmen. Als etwas also, das die Zukunft öffnet und nicht verschließt. (...) – »Warum soll ich daran denken, das Ende ist das Ende, es kommt, wann es kommt, warum sagt ihr mir*

das, das ändert doch nicht das geringste.« – Was ist die Erwiderung? »Verschwende deine Zeit nicht, mach aus ihr etwas Lohnendes« – Doch was kann das heißen: lohnend? Endlich dazu übergehen, langgehegte Wünsche zu verwirklichen. Den Irrtum angreifen, dass dafür später immer noch Zeit sein wird. Das Memento als Instrument im Kampf gegen Bequemlichkeit, Selbsttäuschung und Angst, die mit der notwendigen Veränderung verbunden ist. Die langerträumte Reise machen, diese Sprache noch lernen, jene Bücher lesen, sich diesen Schmuck kaufen, in jenem berühmten Hotel eine Nacht verbringen. Sich selbst nicht verfehlen.

Auch größere Dinge gehören dazu: den ungeliebten Beruf aufgeben, aus einem gehassten Milieu ausbrechen. Tun, was dazu beiträgt, dass man echter wird, näher an sich selbst heranrückt. Von morgens bis abends am Strand liegen oder im Café sitzen: Auch das kann die Antwort auf das Memento sein, die Antwort von einem, der bisher nur gearbeitet hat. »Denk daran, dass du einmal sterben musst, vielleicht morgen schon.« – »Ich denke die ganze Zeit daran, deshalb schwänze ich das Büro und lass mich von der Sonne bescheinen.«

Die scheinbar düstere Mahnung sperrt uns nicht in den verschneiten Klostergarten. Sie öffnet den Weg nach draußen und erweckt uns zur Gegenwart. – Eingedenk des Todes die Beziehung zu den anderen begradigen. Eine Feindschaft beenden, sich für getanes Unrecht entschuldigen, Anerkennung aussprechen, zu der man aus Kleinlichkeit nicht bereit war. Dinge, die man zu wichtig genommen hat, nicht mehr so wichtig nehmen: die Sticheleien der anderen, ihre Wichtigtuerei, überhaupt das launische Urteil, das sie über einen haben. Das Memento als Aufforderung, anders zu fühlen.

Allerdings ergänzt er einige Zeilen später:

> *Für vieles, was wir erleben, ist entscheidend, dass es nicht mit dem Gedanken an die Endlichkeit verbunden ist, eher mit dem Gefühl, dass die Zukunft noch sehr lang sein wird. Es hieße, dieses Erleben im Keim zu ersticken, wenn das Bewusstsein des bevorstehenden Todes einsickern würde.*

Fragen zum Nachdenken

- Welche Dinge werden mir angesichts der Endlichkeit meines Lebens bewusst, die ich eigentlich noch verwirklichen oder erleben will?
- Inwiefern kann das Bewusstsein der Vergänglichkeit auch für mich zu einem Tor zu größerer innerer Freiheit und intensiverem Erleben der Gegenwart werden?
- Bei welchen Gelegenheiten kann ich dagegen ohne irgendeinen Gedanken an die Endlichkeit vollkommen im Augenblick eintauchen und alles andere vergessen?

TRAGENDER HALT

Wenn ein Schiff in Sturm gerät, ist es entscheidend, ob es noch rechtzeitig einen sicheren Ankerplatz oder Hafen erreichen kann. Auch wer im Leben in eine schwere Krise gerät, wirtschaftlich, gesundheitlich oder im persönlichen Bereich, beispielsweise durch den Verlust einer nahestehenden Person, fragt sich, wo er Halt findet, was ihn in dieser schweren Zeit trägt. – Solange alles gut läuft, wie oft in der Jugend, drängt sich diese Frage nicht auf. Dann kann man bei Sonnenschein und gutem Wind über die blaue Meeresfläche segeln. Erst wenn plötzlich die Sturmwolken aufziehen, wird es entscheidend, ob wir noch einen Hafen finden, ob Schiff und Masten halten. Und wenn wir durch eine Krise hindurchgegangen sind, stellt sich die wichtige Frage, was uns letztlich getragen und uns Halt gegeben hat.

Ein Mann lag schon einige Wochen auf dem Krankenbett, und die Ungeduld zu genesen und wieder ein ganzer Mensch zu sein, wuchs von Tag zu Tag.

Da hatte er eines Nachts folgenden Traum: Er ging mit Gott am Strand des Meeres spazieren. Am Himmel zogen Szenen aus seinem Leben vorbei, und für jede Szene waren Spuren im Sand zu sehen. Als er nun auf die Fußspuren im Sand zurückblickte, sah er, dass manchmal zwei, manchmal aber nur eine da war. Er bemerkte weiter, dass diese eine Spur zusammenfiel mit den Zeiten größter Not und Traurigkeit in seinem Leben.

Deshalb fragte er den Herrn: »Herr, ich habe bemerkt, dass zu den traurigsten Zeiten meines Lebens nur eine Fußspur zu sehen ist. Du hast aber versprochen, stets bei mir zu sein. Ich verstehe nicht, warum du mich da, wo ich dich am nötigsten hatte, allein gelassen hast.«

Da antwortete der Herr: »Mein lieber Sohn, ich habe dich lieb und würde dich niemals verlassen. An den Tagen, an denen du am meisten gelitten hast und mich am nötigsten brauchtest – da, wo du nur eine einzige Fußspur siehst –, das war an den Tagen, an denen ich dich getragen habe.«

Wenn ich mit meinem fünfjährigen Sohn beim Wandern bin und er müde wird, kommt er immer wieder an und sagt ganz einfach: »Papa, tragen!« Und selbstverständlich geht er davon aus, dass ich ihn hochnehme und weitertrage, was ich auch tue, wenn ich echte Erschöpfung und nicht nur Faulheit erkenne.

Auch wir wollen getragen werden, wenn wir erschöpft sind, wenn uns der Weg zu schwer wird oder wir nicht mehr weiterwissen. Wenn wir erwachsen sind, stehen unsere »Papas« dafür meist nicht mehr zur Verfügung, und es fragt sich, was uns dann tragenden Halt geben kann. Im Außen ist dieser Halt selten zu finden, allenfalls bei nahestehenden Menschen, doch auch die können einen nur stützen und Geborgenheit geben. Wieder auf die Beine kommen muss jeder selbst. (Mehr zu diesem Aspekt finden Sie im Kapitel »Probleme lösen«, S. 225.) Und die Kraft hierzu kommt meist nur von innen, aus dem Raum, wo ein gläubiger Mensch Gott erfährt und ein anderer seine Mitte und seine Orientierung findet.

Fragen zum Nachdenken

- Was gibt mir in Krisenzeiten Halt und hat mich in schweren Zeiten getragen?
- Was kann ich in guten Zeiten tun, um mich auf schwere Zeiten vorzubereiten?
- Kann ich anderen Menschen Halt geben? Wem und auf welche Weise?

ERWARTUNGEN ÜBERTREFFEN

Im Quellbuch unserer Kultur, in der Bibel, genau genommen im Neuen Testament stößt man als Leser auf Aussagen Jesu, die einem äußerst radikal, ja geradezu lebensfremd erscheinen können, so hoch ist der Anspruch, der da an uns Menschen gestellt wird: Wenn uns einer auf die rechte Wange schlägt, sollen wir ihm auch die Linke hinhalten; von dem, was uns rechtmäßig zusteht, lassen, auch wenn es uns zu Unrecht genommen wird; unsere Feinde sollen wir nicht hassen, sondern lieben, und:

> *Wenn dich jemand nötigt, eine Meile mit ihm zu gehen, so gehe nicht nur eine Meile, sondern noch eine weitere mit ihm.*
>
> Matthäus 5, 41

Lassen Sie uns die Aufmerksamkeit auf die letzte Aussage beschränken – diese allerdings dabei aus ihrem Gesamtkontext verstehen. Zwei Aspekte scheinen dabei von entscheidender Bedeutung, wenn wir daraus praktisch umsetzbare Impulse für unser heutiges Alltagsleben ableiten wollen.

Erstens begegnen wir hier einem *Idealbild*, das zu leben wohl nur die wenigsten und auch das nur in wenigen Momenten ihres Lebens in der Lage sind. Wer sich – wie man es von Jesus annimmt – im Zustand völliger Liebe befindet, mag dazu fähig sein. Der normale Mensch, sei er nun Christ oder nicht, wird, wenn er sich angegriffen fühlt, aufgrund der bloßen Struktur seines Nervensystems und der sofortigen »Machtübernahme« der emotionalen und »primitiven« Steuerungszentralen im Gehirn in den meisten Fällen in Verteidigungshaltung gehen: Er wird sich schützen (statt die andere Wange hinzuhalten), sein Eigentum beanspruchen (statt es aufzugeben), negative Gefühle (statt Liebe) gegen Feinde hegen und mit allen Mitteln versuchen, selbst die erste geforderte Meile zu vermeiden, geschweige denn, freiwillig noch eine weitere mitzugehen. Hier begegnet man einem Grundproblem vieler Aufforderungen des Neuen Testaments: Sie konfrontieren uns mit einem extrem hohen Anspruch, den zu verwirklichen selbst sogenannten Heiligen kaum gelingt. Für den »Normalverbraucher« erscheint er daher ähnlich unerreichbar, als würde uns Reinhold Messner auffordern, mit ihm den Mount Everest zu besteigen. Die naheliegende Reaktion von vielen ist zu resignieren: Das ist ja eh' nicht zu schaffen, dann lass ich es lieber gleich ganz. Manche wenden sich infolgedessen gleich von allem ab und schütten damit womöglich das Kind mit dem Bade aus.

Doch wie lässt sich das Kind retten? Wie können wir von diesen vermeintlich übermenschlichen Empfehlungen Jesu doch noch etwas hinüberretten in unseren normalen Alltag? Vielleicht, indem wir zunächst den Anspruch aufgeben, das ganze Ideal zu verwirklichen, und erkennen, dass es sich schon lohnt und viel wert ist, wenn man sich schrittweise ab und zu in Richtung dieser Worte bewegt. Wenn man gewissermaßen versucht, die altgewohnten, archaischen und durchaus menschlichen Reaktions- und Verhaltensmuster so oft es einem gelingt durch kleine Handlungen im Sinne dieses neuen Geistes zu ersetzen – eines Geistes, der geradezu das Gegenteil von dem zu fordern scheint, was man als »normaler Mensch« tun würde.

Zweitens setzt das natürlich voraus, dass man diese Anweisung auch für sich selbst als *sinnvoll* erachtet. Wofür soll das denn gut sein, die »Extrameile« zu gehen? Ursprünglich hatten die Römer im besetzten Palästina das Recht, von den Juden zu fordern, sie als Wegweiser oder auch als Lastenträger eine gewisse Strecke zu begleiten. Jesus fordert sie auf, freiwillig sogar mehr zu tun, als man von ihnen erwartet. Mit großer Wahrscheinlichkeit wird dies bei dem um Hilfe fragenden Römer Verwunderung, wenn nicht sogar eine positive Reaktion ausgelöst haben. Mehr zu bekommen als erwartet – wer wird davon nicht in irgendeiner Weise angenehm überrascht? Damals wie heute, im persönlichen Bereich wie im beruflichen Kontakt. Ich kann mich noch gut erinnern, wie erstaunt ich war, als ich meinen Murnauer Kfz-Händler bei einem technischen Defekt aus München anrief und er mir sofort anbot, den Wagen bei mir holen zu lassen und mir für die Dauer der Reparatur kostenfrei einen Ersatzwagen dazulassen – immerhin liegen mehr als 50 Kilometer zwischen den beiden Orten. Die Folge: Ich war angenehm überrascht und habe seitdem, wenn es irgendwie ging, jede Wartung bei ihm durchführen lassen und auch den nächsten Wagen wieder von ihm erworben.

Mehr tun als erwartet, im Kleinen wie im Großen, kann sich lohnen, und sogar noch mehr, wenn man es nicht aus bloßer Berechnung tut. Die unerwarteten Blumen für die Partnerin, der Zusatzservice gegenüber dem Kunden, großzügige Hilfsbereitschaft gegenüber einer bedürftigen Person: Wann immer wir aus freien Stücken mehr geben als erwartet, leben wir etwas von dieser eigenartigen und doch zutiefst sinnvollen Botschaft – zum Nutzen anderer, aber gleichzeitig auch zu unserem eigenen Wohlergehen.

Fragen zum Nachdenken

- Wo erlebe ich selbst, dass Idealanforderungen mich eher lähmen als beflügeln?

- Warum kann es sinnvoll sein, bisweilen die »Extrameile« zu gehen?
- Wo könnte ich in meinem privaten wie auch beruflichen Alltag mehr geben als erwartet – im Kleinen wie im Großen?

DIE MACHT DER EINSTELLUNG

Der Prophet Mohammed kam mit einem seiner Begleiter in eine Stadt, um zu lehren. Bald gesellte sich ein Anhänger seiner Lehre zu ihm: »Herr, in dieser Stadt geht die Dummheit ein und aus. Die Bewohner sind halsstarrig. Man möchte hier nichts lernen. Du wirst keines dieser steinernen Herzen bekehren.«

Der Prophet antwortete gütig: »Du hast Recht!«

Bald darauf kam ein anderes Mitglied der Gemeinde freudestrahlend auf den Propheten zu: »Herr! Du bist in einer glücklichen Stadt. Die Menschen sehnen sich nach der rechten Lehre und öffnen ihre Herzen deinem Wort.«

Mohammed lächelte gütig und sagte wieder: »Du hast Recht!«

»Oh Herr«, wandte da der Begleiter Mohammeds ein. »Zu dem ersten sagtest du, er habe Recht. Zu dem zweiten, der genau das Gegenteil behauptet, sagst du auch, er habe Recht. Schwarz kann doch nicht weiß sein.«

Mohammed erwiderte:

»Jeder Mensch sieht die Welt so, wie er sie erwartet. Wozu sollte ich den beiden widersprechen. Der eine sieht das Böse, der andere das Gute. Würdest du sagen, dass einer von den beiden etwas Falsches sieht, sind doch die Menschen hier wie überall böse und gut zugleich. Nichts Falsches sagte man mir, nur Unvollständiges.«

Jeder Mensch sieht die Welt so, wie er sie erwartet, das heißt, er macht in der Regel die Erfahrungen, die seiner Einstellung entsprechen. Die Sicht auf die Dinge ist, wie psychologische Forschungen vielfach bewiesen haben, für das, was wir innerlich erfahren, viel entscheidender als die Dinge, die uns tatsächlich begegnen. Ständig sind wir von Negativem und Positivem umgeben, in unserem nahen Umfeld genauso wie auf der ganzen Erde, die im Zuge der Globalisierung und Kommunikationsvernetzung immer näher zusammenrückt. Für meine Einstellung ist zuerst von maßgeblicher Bedeutung, worauf ich fokussiere und was für Informationen ich überhaupt an mich heranlasse. Wer sich kontinuierlich mit Schreckensmeldungen aus Boulevardzeitschriften und Sensations-TV-Sendungen füttert, wer sich an stundenlangen Gesprächen beteiligt, was alles im Argen liegt, wie schwer das Leben ist und was alles wieder Schlimmes geschehen ist, wird sich kaum davor schützen können, emotional und seelisch immer mehr heruntergezogen zu werden. Leider kann dies zu einem Teufelskreis werden, denn die »Brille«, durch die ich in die Welt schaue, entscheidet auch darüber, was ich wahrnehme. Wenn ich schlecht gelaunt bin, nehme ich in erster Linie die widrigen Dinge wahr, selbst wenn ich gleichzeitig völlig gesund bin und die Sonne scheint. Und dann geht es einem so wie den Probanden des folgenden Versuchs:

Einer Versuchsgruppe wurde ein Blatt mit zehn einfachen Rechnungen vorgelegt. Da stand beispielsweise 12 + 7 = 19; 26 – 4 = 22; 5 + 8 = 13 und so weiter. Und unter diesen Rechnungen stand allerdings auch: 37 – 5 = 33, also sofort erkennbar unrichtig. Die Frage an die Teilnehmer lautete: »Fällt Ihnen an diesem Blatt etwas auf?« – und alle, ausnahmslos alle antworteten spontan: »Da ist eine Rechnung falsch!« Keiner sagte: »Da sind neun Rechnungen richtig.«

Und mit jeder negativen Wahrnehmung trübt sich meine Brille noch mehr ein, und die »neun Richtigen« verschwimmen immer mehr dahinter. So wie die Natur unter den Folgen der Umweltverschmutzung leidet, können auch wir auf Dauer an den Auswirkungen einer kontinuierlichen *Innenweltverschmutzung* erkranken. Ein Prozess, der zumeist so unmerklich und schleichend vonstatten geht, dass wir ihn bewusst kaum wahrnehmen können. Vergleichbar ist dies mit dem Frosch, den Sie in eine Pfanne mit heißem Wasser werfen. Er wird sofort herausspringen. Würde man ihn dagegen in eine Pfanne mit kaltem Wasser setzen und dieses langsam auf Siedetemperatur erhitzen, so würde er qualvoll ums Leben kommen, weil das Nervensystem (bei Fröschen wie auch bei Menschen) graduelle Veränderungen nicht bewusst wahrnimmt. So merken auch wir nicht, was die kontinuierliche Aufnahme von Negativbotschaften und Schreckensbildern mit uns macht.

Das bedeutet nun keineswegs, mit sogenanntem »positiven Denken« das Negative auszublenden und zuzudecken. Denn das käme dem Versuch nahe, einfach nur »Schlagsahne auf den Mist zu schmieren«. Vielmehr geht es darum, durch Fokussierung auf das Positive, das uns genauso umgibt, die eigenen inneren Ressourcen zu stärken, um dann an den Stellen anzupacken und Probleme zu lösen, die zu unserem tatsächlichen Wirkungskreis gehören. Wenn wir innerlich stark sind und eine positive Einstellung haben, können wir uns umso besser engagieren, sei dies nun im sozialen, politischen, beruflichen oder privaten Umfeld: Wir können dann gewissermaßen mit einer guten Haltung den »Mist« wegräumen. Bei allem ist entscheidend, worauf ich fokussiere und was ich aufnehme – sowohl bei Nahrungsmitteln als auch bei Informationen.

Wie stark die Wirkung von Informationen auf unsere Einstellung und diese wiederum auf unser Erleben sein kann, zeigt das Phänomen der sogenannten Selffulfilling Prophecys, das in folgender Geschichte anschaulich zum Ausdruck kommt:

Ein Mann lebte am Straßenrand und verkaufte heiße Würstchen.

Er war schwerhörig, deshalb hatte er kein Radio.

Er sah schlecht, deshalb las er keine Zeitung. Aber er verkaufte köstliche heiße Würstchen.

Das sprach sich herum und die Nachfrage stieg von Tag zu Tag.

Er kaufte einen größeren Herd und musste immer mehr Fleisch und Brötchen einkaufen. Er holte seinen Sohn von der Universität zurück, damit der ihm helfen sollte.

Aber dann geschah Folgendes:

Sein Sohn sagte: »Vater, hast Du denn nicht Radio gehört? Eine schwere Rezession kommt auf uns zu. Der Umsatz wird zurückgehen. Du solltest nichts mehr investieren!«

Der Vater dachte: »Mein Sohn hat studiert. Er schaut Fernsehen, hört Radio und liest Zeitung. Der muss es wissen.«

Also verringerte er seine Fleisch- und Brötcheneinkäufe und sparte an der Qualität des Fleisches.

Er verringerte seine Kosten, indem er keine Werbung mehr machte.

Und das Schlimmste: Die Ungewissheit vor der Zukunft ließ ihn missmutig werden im Umgang mit seinen Kunden.

Und was passierte daraufhin? Sein Absatz an heißen Würstchen fiel beinahe über Nacht. Da sagte der Vater zum Sohn: »Du hattest Recht, mein Junge, es steht uns eine schwere Rezession bevor.«

Fragen zum Nachdenken

- Wie viele negative Informationen nehme ich über die Medien wie auch von anderen Menschen auf, die mich nur belasten und mit meinem Aktionsbereich nichts zu tun haben?
- Wann habe ich schon die Erfahrung gemacht, dass meine bloße Einstellung entscheidend war für eine negative oder positive Erfahrung?
- Auf welche Weise könnte ich mich besser vor zu viel Negativinput schützen und bewusster auf positive Aspekte fokussieren, um in meinem Wirkungskreis besser agieren zu können?

NOTWENDIGER BESITZ

Im vorigen Jahrhundert besuchte ein Tourist aus den Vereinigten Staaten den berühmten polnischen Rabbi Hofetz Chaim.

Erstaunt sah er, dass der Rabbi nur in einem einfachen Zimmer voller Bücher wohnte. Das einzige Mobiliar waren ein Tisch und eine Bank.

»Rabbi, wo sind Ihre Möbel?«, fragte der Tourist.

»Wo sind Ihre?«, erwiderte Hofetz.

»Meine? Aber ich bin nur zu Besuch hier. Ich bin nur auf der Durchreise«, sagte der Amerikaner.

»Genau wie ich«, sagte der Rabbi.

Ein Extrembeispiel? Natürlich, doch gerade solche Metaphern können uns in ihrer Radikalität kurz aus gewohnten Denkmustern wachrütteln und uns einladen, einen bestimmten Aspekt unseres Lebens zu hinterfragen – um vielleicht zu erkennen, was auch wir verändern können, ohne jedoch gleichzeitig ebenso radikal leben zu müssen. – Natürlich sind wir alle hier auf der Erde nur vorübergehend anwesend, also gewissermaßen »auf der Durchreise«. Dennoch versuchen wir berechtigterweise uns den Aufenthalt so angenehm wie möglich zu gestalten, mit allen möglichen »Möbeln«, die symbolisch für unseren materiellen Besitz stehen könnten. Über die vielen Jahre sammelt sich immer mehr davon an, und es ist durchaus sinnvoll, sich von Zeit zu

Zeit die Frage zu stellen, wie viel man davon wirklich für ein erfülltes Leben braucht und ob man nicht befreiter und leichter leben würde, wenn es einem gelänge, manches davon zu entrümpeln und abzugeben. Von selbst entfernen sich diese Dinge allerdings nicht. Manchmal bedarf es eines äußeren Anlasses, wie beispielsweise eines Umzuges, um gehörig auszumisten – je weiter man fortzieht, umso mehr ist man oft gezwungen aufzugeben und loszulassen. Eine befreundete Familie hat neulich bei ihrem Umzug nach den USA zwei Drittel ihrer bis dahin angesammelten Sachen abgegeben oder entrümpelt. So schwer es ihnen im Augenblick der Entscheidung auch fiel, später berichteten sie, wie befreit und erleichtert sie sich fühlten und dass ihnen erstaunlicherweise nicht das Geringste von all den Sachen fehlte. Doch warum bis zu einem Umzug warten? Wer einmal im Jahr, zur Jahreswende oder zum Frühlingsanfang, sein Leben überdenkt und so radikal wie möglich entrümpelt, wird mit dem äußeren Ballast auch inneren abwerfen und weniger »Möbel« mit sich rumschleppen, die einem freien Leben oft im Weg stehen. Wenn man es schafft, sich zu überwinden und das eigene »Keller-Speicher-Garagensyndrom« anzugehen, wird man in der Regel mit Erstaunen feststellen, wie viel unnötiges Gerümpel sich angesammelt hat: Wie viele Bücher verstopfen die Regale, die man wohl nie lesen wird, wie viele Kleidungsstücke, die man nie mehr tragen wird, und wie viele sonstige Dinge lagern in Schränken und Schubladen, die nichts als Platz wegnehmen? Was einem zu schade zum Wegwerfen erscheint, kann man ja zur Altkleidersammlung und den Sammelstellen der Wertstoffhöfe geben, dann kommt es wenigstens noch anderen zugute. Und natürlich lässt sich auch auf der finanziellen Ebene ausmisten: Wie viel des gewohnten Kostenapparates ist wirklich sinnvoll? Sind all die Versicherungen wirklich erforderlich, und wird das eigene Leben durch die vielen gewohnten Luxusausgaben wirklich erfüllter? – All dies sind Fragen, die man sich klugerweise von Zeit zu Zeit stellen sollte, um seine Reise durchs Leben mit weniger »Möbeln« und mehr Leichtigkeit zu gestalten. (Gute Anregungen hierzu finden sich in Karen Kingstons *Feng Shui gegen das Gerümpel des Alltags* und Werner Tiki Küstenmachers und Lothar Seiwerts *simplify your life.*)

Fragen zum Nachdenken

- Was sind meine »Möbel«, die ich mit mir herumschleppe, ohne dass sie mein Leben wirklich bereichern?
- Wann habe ich schon die Erfahrung gemacht, wie erfüllend und befreiend Aufräumen und Entrümpeln sein kann?
- Welche Bereiche in meinem Leben möchte ich in nächster Zeit von Ballast befreien, und wann werde ich das tun?

SELBSTBETRUG

Ein Kaufmann hatte hundertfünfzig Kamele, die seine Stoffe trugen, und vierzig Knechte und Diener, die ihm gehorchten.

An einem Abend lud er seinen Freund Saadi zu sich.

Die ganze Nacht fand er keine Ruhe und sprach fortwährend über seine Sorgen, Nöte und die Hetze seines Berufes. Er erzählte von seinem Reichtum in Turkestan, sprach von seinen Gütern in Indien, zeigte die Grundbriefe seiner Ländereien und seine Juwelen.

»Oh Saadi«, seufzte der Kaufmann. »Ich habe nur noch eine Reise vor. Nach dieser Reise will ich mich endlich zu meiner wohlverdienten Ruhe setzen, die ich so ersehne wie nichts anderes auf der Welt.«

»Und wohin soll die Reise gehen?«, fragte sein Freund.

Die Augen des Kaufmanns begannen zu leuchten: »Ich will persischen Schwefel nach China bringen, da ich gehört habe, dass er dort sehr wertvoll sei. Von dort will ich chinesische Vasen nach Rom bringen. Mein Schiff trägt dann römische Stoffe nach Indien, von wo ich indischen Stahl nach Halab bringen will. Von dort will ich Spiegel und Glaswaren in den Jemen exportieren und von dort Samt nach Persien einführen.«

Mit einem träumerischen Gesichtsausdruck verkündete er dem ungläubig lauschenden Saadi: »Und danach gehört mein Leben der Ruhe, Besinnung und Meditation, dem höchsten Ziel meiner Gedanken.«

»Danach«! Ja, später, dann wenn ..., dann holen wir alles nach! Welche Illusion! Allzu oft endet es wie die Geschichte eines erfolgreichen Geschäftsmannes, der sich »mit Leib und Seele« seinem Beruf verschrieben hatte. Für Privates hatte er nicht die geringste Zeit, doch er vertröstete sich und andere, einschließlich seine Familie, auf später – wenn er die Arbeit erst geschafft habe, dann sei noch genügend Zeit. Dann werde er große Reisen mit der Familie unternehmen, für seine Gesundheit sorgen, Tennis spielen, Bücher lesen und endlich mal richtig entspannen. Ja, all das wollte er später nachholen ... Dann aber hat das Leben ihn geschafft, der Herzinfarkt kam ihm zuvor, und allen, die auf das lang ersehnte »Später« gewartet hatten. Auf seiner Beerdigung sagte seine zwanzigjährige Tochter (mit den Worten der amerikanischen Sängerin Reba McIntire): »Er war der tollste Mann, den ich nie kannte.« Auch sie hatte immer auf später gehofft. – Doch dann war es zu spät!

Leider ist diese Geschichte kein Einzelfall. Wie häufig ist zu hören: »Dafür ist jetzt keine Zeit!« – »Die Arbeit hat nun mal Vorrang, leben kann ich später immer noch!« Das Tragische ist, dass all diese Sprüche ernst gemeint sind und sowohl von den Arbeitstieren, die sie aussprechen, als auch von deren Angehörigen und Freunden geglaubt werden. Doch in den meisten Fällen kommt »später« entweder nie, viel zu spät oder so, dass das Privatleben nicht mehr so nachgeholt werden kann, wie es versäumt wurde. So mancher mag mit fünfundsechzig nochmals ein neues Leben anfangen, doch wie fit er oder sie auch sei – vieles, was mit dreißig, vierzig oder fünfzig möglich ist, geht jetzt nicht mehr, und auch die goldigsten Enkelkinder können die eigenen nicht ersetzen. Kluge Menschen leben ihr Leben jetzt – nicht erst irgendwann später.

Und das bedeutet ja keineswegs, von heute auf morgen alles Berufliche hinzuwerfen, nur noch Freizeit zu haben oder gar »auszusteigen«. Abgesehen davon, dass die meisten sich das finanziell gar nicht leisten können, so wäre das ja nur eine Flucht ins andere Extrem. Vielmehr geht es darum, sich rechtzeitig der eigenen Träume und Wünsche klar zu werden und »Zeitnischen« dafür zu schaffen, in denen diese gelebt werden können. Eine Stunde täglich, mindestens ein halber Tag pro Woche, ein Wochenende im Monat und ein bis zwei Wochen im Jahr. Zeit für das, was man selbst will, wovon man »eigentlich« träumt und wovon man irrtümlich glaubt, man könne es »später« nachholen. Zeitnischen ohne Verpflichtung, ohne ein Muss oder einen »nützlichen« Zweck. Zeit für ein bestimmtes Hobby, für Spiele mit den Kindern, für irgendetwas Verrücktes oder für eine erträumte Reise. – Warten Sie nicht! Sie leben jetzt! Diese Zeitnischen tun sich allerdings nicht von selbst auf, sie müssen geplant und reserviert werden und dann gegen alle möglichen neu auftauchenden Anforderungen von außen geschützt werden. – Daraus ergibt sich die folgende Strategie:

1. Sich eine Liste all der Dinge machen, die man eigentlich (irgendwann) nachzuholen hofft.
2. Realistische Zeitnischen durch Planung terminlich reservieren und
3. diese schützen und verteidigen. Nur so können Sie schon in der Gegenwart erfüllt leben und das Schicksal der beiden oben erwähnten Geschäftsleute vermeiden.

Fragen zum Nachdenken

- Was würde ich gerne alles noch in meinem Leben machen, wovon ich glaube, das könnte ich »später« noch nachholen?

- Was hält mich eigentlich wirklich davon ab, das eine oder andere davon jetzt schon zu (er-)leben?
- Welche kleinen und größeren Zeitnischen könnte ich reservieren, um einiges davon jetzt schon zu verwirklichen – vor allem die Dinge, die realistisch später nicht mehr nachholbar sind?

KOOPERATION STATT KONFRONTATION

Einst kam ein Mann, den die Frage nach Himmel und Hölle bewegte, zum Propheten Elias, denn er wollte seinem Leben einen Sinn geben.

Da nahm ihn der Prophet bei der Hand und führte ihn durch dunkle Gassen in einen großen Saal, wo sich viele ausgemergelte Gestalten um die Feuerstelle drängten. Dort brodelte in einem großen Kessel eine köstlich duftende Suppe. Jeder der Leute besaß einen gusseisernen Löffel, der so lang war wie er selbst. Der Löffel war aufgrund seiner Größe zu schwer, um allein die Suppe damit zu schöpfen, und zu lang, um damit die Nahrung zum Mund führen zu können. So waren die Menschen halb wahnsinnig vor Hunger und schlugen aufeinander ein vor Wut.

Da fasste Elias seinen Begleiter am Arm und sagte: »Siehst Du, das ist die Hölle.«

Sie verließen den Saal und traten bald in einen anderen. Auch hier viele Menschen. Auch hier wieder ein Kessel Suppe. Auch hier die riesigen Löffel. Aber die Menschen waren wohlgenährt, und man hörte in dem Saal nur das zufriedene Summen angeregter Unterhaltung. Männer und Frauen hatten sich zusammengetan. Einige tauchten gemeinsam die schweren Löffel ein und fütterten die Gegenübersitzenden. Umgekehrt geschah es ebenso. Auf diese Weise wurden alle satt.

Und der Prophet Elias sagte zu seinem Begleiter: »Siehst Du, das ist der Himmel.«

Wann immer es uns gelingt, unsere Energien zu bündeln und zu kooperieren, statt sie gegeneinander zu richten, können wir im Kleinen wie im Großen ein Stück »Himmel auf Erden« erleben – oder zumindest, wie bei Katastrophen, dazu beitragen, die »Hölle« ein wenig zu lindern. Die Beispiele der vergangenen Jahre, als grundsätzlich verfeindete Völker in akuten Notsituationen vorübergehend ihre gegenseitigen Ressentiments vergessen konnten und sich gegenseitig halfen, setzen in dieser Hinsicht Maßstäbe: In den neunziger Jahren kamen sich Griechen und Türken gegenseitig zu Hilfe, als kurz nacheinander jedes ihrer Länder von verheerenden Erdbeben heimgesucht wurde, ebenso halfen sich Inder und Pakistanis nach den schrecklichen Erdbeben im Jahr 2005. Im gleichen Jahr konnte die Mannschaft des russischen U-Boots AS-28 mit britischer Hilfe gerettet werden, während noch wenige Jahre zuvor die Besatzung der *Kursk* möglicherweise nur deshalb ums Leben kommen musste, weil Russland die ausländischen Hilfsangebote ablehnte. »Not schweißt zusammen«, doch es müssen nicht immer Notsituationen sein. Überall, wo Menschen sich gegenseitig helfen und ihre Potenziale synergetisch bündeln, wird das Leben auf dieser Erde etwas erträglicher oder – im Sinne der obigen Geschichte – etwas »himmlischer«. Auch im Wirtschaftsleben können Kooperationen und Informationsaustausch beiden Seiten einen größeren Erfolg bringen, als in gegenseitigen Vernichtungsschlachten zu versuchen, den Rivalen auszuschalten. Natürlich gilt es zunächst die eigene Position zu sichern und vorsichtig abzuwägen, wo die Offenlegung von Informationen und Zusammenarbeit angebracht sind. In einem bekannten Fallbeispiel zum Thema Verhandlungsstrategie (ursprünglich aus dem Klassiker *Das Harvard-Konzept*), das an einigen namhaften Business-Schools gelehrt wird, treffen in einem südamerikanischen Hafen die Abgesandten zweier Länder aufeinander. Jeder von ihnen hat den Auftrag, für sein Land die Ladung eines Apfelsinenfrachters zu ersteigern, deren normaler Marktwert etwa bei 10 000 Euro liegen mag. Doch es sind die einzigen noch erwerbbaren Apfelsinen und jedes Land braucht sie, um ein lebenswichtiges Serum zur Verhinderung einer schweren Krankheit herzustellen. Allerdings braucht das eine Land die Schalen und das andere das Fruchtfleisch. Beide Kontrahenten haben ein Budget bis zu 1 Million Euro. Nun kommt es darauf an, ob sich die Kontrahenten gegenseitig bis zur Million hochsteigern oder ob sie den Mut haben, ihre Karten auf den Tisch zu legen, um sofort zu erkennen, dass sie am besten die Ladung gemeinsam erwerben (was jeden nur 5 000 Euro kosten würde), um sich entsprechend ihrer Bedürfnisse Schalen und Fruchtfleisch zu teilen.

Nicht immer lassen sich Konfrontationen so einfach lösen, und in der Regel hat unser innerer Autopilot Recht, wenn wir zunächst unseren Standpunkt sichern. Letztlich geht es um eine gute Balance zwischen Egoismus und Altruismus, also um die richtige Intuition und Sensibilität, zu erkennen, wann Kooperation statt Konfrontation angesagt ist.

Fragen zum Nachdenken

- Wo habe ich schon erfahren, dass Kooperation und gegenseitige Hilfe positive Auswirkungen hatten?
- Welche Bedenken und Ängste habe ich gegenüber zu großer Offenheit und Zusammenarbeit?
- In welchen Bereichen meines Lebens könnte ich mehr gegenseitige Offenheit und Kooperation zulassen?

VERÄNDERUNG

Der Sufi Bayazid erzählt folgende Geschichte:

»In meiner Jugend war ich Revolutionär, und mein einziges Gebet zu Gott lautete: ›Herr, gib mir die Kraft, die Welt zu ändern.‹

Als ich die mittleren Jahre erreichte und merkte, dass die Hälfte meines Lebens vertan war, ohne dass ich eine einzige Seele geändert hätte, wandelte ich mein Gebet ab und bat: ›Herr, gib mir die Gnade, alle jene zu verändern, die mit mir in Berührung kommen. Nur meine Familie und Freunde, dann bin ich schon zufrieden.‹

Nun, da ich ein alter Mann bin und meine Tage gezählt sind, beginne ich einzusehen, wie töricht ich war. Mein einziges Gebet lautet nun: ›Herr, gib mir die Gnade, mich selbst zu ändern.‹ Wenn ich von Anfang an darum gebetet hätte, wäre mein Leben nicht vertan.«

Natürlich, das einzige, was wir wirklich verändern können, sind wir selbst. Und doch scheinen ein paar Modifikationen und Fragen angebracht:

1. Wie geht das eigentlich: sich selbst zu ändern?
2. Wenn wir andere nicht ändern können, so doch vielleicht unsere Umgangsweise mit ihnen?
3. Können wir nicht doch auch die Welt verändern?

4. Muss ich erst mich selbst ändern, bevor ich um mich herum etwas verändern kann?

Die erste Frage scheint die wohl schwierigste zu sein, zumal wir nicht einfach wie ein technisches Gerät funktionieren, das nach eingehender Fehlerdiagnose fachmännisch repariert werden kann. Selbst wenn man erkannt hat, in welchen Punkten man sich verändern sollte, wird man immer wieder feststellen, dass Erkenntnis allein noch nicht heilt. Selbst wenn wir uns vornehmen, geduldiger oder gelassener zu reagieren – in Stresssituationen wirken wieder die alten, tiefsitzenden Programme, die sich willentlich eben nicht einfach verändern lassen. Das kann auf Dauer sehr entmutigend sein. Und doch gibt es einen Weg, sich behutsam weiterzuentwickeln und als Persönlichkeit zu reifen. (Mehr zu diesem Aspekt finden Sie im Kapitel »Persönliches Wachstum«, S. 211.) Der erste Schritt besteht darin, die eigenen, oft unbewussten Muster mit der Zeit immer besser *zu erkennen und sich selbst mit ihnen anzunehmen*, ohne sich dafür zu verurteilen, wie man eben ist, mit all den eigenen Fehlern und Schattenseiten. Wenn man es schafft, die eigenen Reaktions- und Verhaltensweisen mit neugierigem und wohlwollendem Interesse zu erforschen, ja vielleicht mit einer guten Portion Humor sogar darüber zu lächeln, eröffnet sich ein Raum, in dem es möglich wird, hin und wieder anders zu handeln. Dies ist eine Veränderung, die sich *von innen heraus* entfaltet und nicht von außen mit Zwang und Selbstverurteilung angegangen wird. Es ist der Weg einer behutsamen Selbstannahme und einer schrittweisen Veränderung *durch Integration* und nicht durch Unterdrückung oder Verdrängung. Natürlich erfordert dieser Weg den inneren Wunsch, Veränderung zuzulassen (statt zu »machen«) und ein gutes Maß an Geduld, da Persönlichkeitsentwicklung viel Zeit braucht.

Früher oder später wird man merken, dass es nicht möglich

ist, andere Menschen zu verändern, so sehr man sich auch bemühen mag. Allenfalls kann man vielleicht mit Druck oder sonstigen Manipulationsmitteln erreichen, dass diese bestimmte Dinge tun, die sie eigentlich gar nicht wollen, oder andere Sachen unterlassen, die sie eigentlich tun wollen – in der Regel aus der Angst heraus, Liebe, Zuneigung oder sonstige Vorteile zu verlieren. Doch verändern sie dabei allenfalls ihr äußeres Verhalten und nicht sich selbst.

Was wir dagegen verändern können, ist *unsere Einstellung anderen gegenüber und unseren Umgang mit ihnen*. Grundsätzlich ist auch dabei der erste Schritt, die anderen so anzunehmen, wie sie sind, mit all ihren Ecken und Kanten, mögen wir noch so sehr darunter leiden. Wenn es unerträglich wird, bleibt schlimmstenfalls nur noch der Rückzug. Niemand kann einen zwingen, negative Verhaltensweisen oder Beeinträchtigungen der eigenen Integrität hinzunehmen. Und selbst wenn man den Rückzug wählt, ist es möglich (wenn auch nicht leicht), dies ohne Verurteilung des anderen zu tun. Man kann Verhaltensweisen ablehnen, ohne den Menschen ablehnen zu müssen. Wenn wir also andere schon nicht ändern können, so doch wenigstens unseren Umgang mit ihnen.

Aber die Welt können wir doch verändern! – wenn auch in anderer Weise, als es der Sufi in der obigen Geschichte meinte. Wir können sie weder revolutionieren noch grundlegend ändern, doch können wir im Kleinen, in unserem persönlichen Wirkungskreis dazu beitragen, dass manche Dinge besser werden. Und sei es nur, indem man eine weggeworfene Cola-Dose von der Straße aufhebt, einer alten Frau den Koffer trägt oder jemandem ein Lächeln schenkt. Natürlich können wir uns auch stärker engagieren und mit unserem Beruf, durch politische oder soziale Aktivitäten oder indem man seine Kinder bestmöglich fördert dazu beitragen, dass manches besser wird. Die Welt im Kleinen zu verändern kann unseren Leben Sinn geben, sodass wir am

Ende nicht wie der alte Mann sagen müssen, unser Leben war »vertan«.

Schließlich müssen wir mit dem zweiten und dritten Schritt auch nicht warten, bis wir uns selbst ausreichend verändert haben, denn das ist ein lebenslanger Prozess. Vielmehr können wir sofort damit anfangen, unsere Einstellung anderen gegenüber und den Umgang mit ihnen zu ändern, und gleichzeitig dazu beitragen, dass manches auf dieser Erde ein wenig besser wird.

Fragen zum Nachdenken

- Welche Seiten an mir würde ich gerne verändern? Wie könnte ich es schaffen, diese zunächst einmal anzunehmen? Gibt es auch positive Begleitaspekte dieser Seiten?
- Wie kann ich meine Einstellung zu anderen und den Umgang mit ihnen in den Punkten verändern, wo ich eigentlich lieber die anderen verändern möchte?
- Auf welche Weise kann ich dazu beitragen, dass die Welt etwas besser wird, und sei es auch nur im Kleinen?

BERUFUNG

Die eigene Bestimmung zu finden und sein Potenzial zu entfalten, sind wohl Grundvoraussetzungen für ein erfülltes und glückliches Leben. Dabei gilt es zum einen, die eigene Berufung zu erkennen, und zum anderen, dieser gegen alle Widerstände von außen und innen Raum zu geben und sie zu entfalten. Dabei kann es einem ergehen wie der Libelle in der folgenden Geschichte:

Eine Libellenlarve, die in einem Tümpel lebte, verspürte den unwiderstehlichen Drang nach oben, um neue Luft zu schöpfen. Dabei wurde sie von einem Blutegel des Öfteren beobachtet, der ihr eines Tages deswegen Vorwürfe machte:

»Habe ich vielleicht jemals das Bedürfnis nach dem, was du Himmelsluft nennst?«

»Ach«, erwiderte die Libellenlarve, »ich habe nun einmal diese Sehnsucht. Ich habe sogar schon versucht, an der Wasseroberfläche nach dem zu schauen, was darüber ist. Da sah ich einen hellen Schein, und merkwürdige Schattengestalten huschten über mich hinweg.«

Der Blutegel krümmte sich vor Lachen:

»Du bist verrückt, du meinst tatsächlich, über diesem Gewässer gibt es noch etwas? Glaube mir als einem erfahrenen Mann: Ich habe den ganzen Raum wieder und

wieder durchschwommen. Das hier ist die Welt. Es gibt nichts außerhalb.«

»Aber ich habe doch den Lichtschein gesehen und den Schatten«, verteidigte sich die Libellenlarve.

»Hirngespinste! Was du fühlen und betasten kannst, das ist das Wirkliche«, antwortete der Blutegel.

Aber es dauerte nicht lange, da erhob sich die Libellenlarve aus dem Wasser, es wuchsen ihr Flügel, und sie schwebte schimmernd dem kleinen Tümpel davon, von goldenem Sonnenlicht umspült.

Sie ward von dem Blutegel nie mehr gesehen.

Wenn es darum geht, der eigenen Berufung zu folgen, sind zwei Aspekte von besonderer Bedeutung. *Einerseits* ist es wichtig, sein ganzes Potenzial zu entfalten, der inneren Bestimmung zu folgen und dies auch gegen alle Bedenken und Unkenrufe aus dem eigenen Umfeld, die meist nur auf Unkenntnis, Risikoscheu und in vielen Fällen auch auf Neid gegründet sind. In den Biografien erfolgreicher Menschen finden sich unzählige Beispiele von Personen, die sich aus einfachsten Verhältnissen ihren Weg nach »oben« gebahnt haben, sich von Bedenkenträgern und Miesmachern nicht haben beirren lassen und sich selbst treu geblieben sind – seien dies nun erfolgreiche Manager und Industrielle, große Künstler, Musiker, Schauspieler oder Politiker höchsten Ranges. Wie die Libelle haben sie bewusst oder intuitiv gespürt, was in ihnen angelegt war, und sind ihrem inneren Ruf und ihrer Vision gefolgt. In diesem Zusammenhang wird auch immer wieder die Geschichte vom Huhn erzählt, das zum Adler wurde. Allerdings war es kein richtiges Huhn, sondern ein Adlerküken, das in einem Hühnerstall aufgewachsen war und eines Tages seiner eigenen Bestimmung gefolgt ist und den Mut gefunden hat, seine Schwingen auszubreiten und sich in die Lüfte zu erheben.

Damit tut sich aber auch schon der *zweite Aspekt* auf: die Gefahr, das eigene Potenzial zu überschätzen. Allzu oft wird die Geschichte von Huhn und Adler missbraucht, uns zu suggerieren, jeder sei dieser Adler im Hühnerstall, jeder könne gewissermaßen vom Huhn zum Adler werden – fragt sich nur, wer dann noch die Hühner sind ... Nein! So sehr es auch darum geht, dem inneren Ruf und der eigenen Sehnsucht zu folgen, so wichtig ist es eben auch, nicht künstlich mehr sein zu wollen, als man tatsächlich ist – ein sicherer Weg, unzufrieden und unglücklich zu werden. Vielmehr geht es gerade auch darum, seine eigenen Grenzen zu erkennen, diese anzunehmen und innerhalb dieser Grenzen zufrieden und erfüllt zu leben, gewissermaßen ein »glückliches Huhn« zu sein, wenn ich eben ein Huhn und kein Adler bin. Und die Frage, ob ein Adler per se glücklicher ist als ein Huhn, muss sowieso offen bleiben.

Zufriedenheit und Erfüllung erfordern also sowohl das Erkennen der eigenen Bestimmung als auch das Erkennen und Annehmen der eigenen Grenzen, um innerhalb dieser Grenzen sein ganzes Potenzial zu entfalten. Also: *Werde, was du bist, sei, was du bist, und trachte, dies mit ganzem Herzen zu tun!*

Fragen zum Nachdenken

- Welche Dinge habe ich schon in meinem Leben gegen alle Widerstände von außen durchgesetzt und entfaltet, das heißt bildlich gesprochen: In welchen Bereichen habe ich meine Libellennatur gegen alle Bedenken von Blutegeln verwirklicht?
- Welche Potenziale und innersten Wünsche möchte ich noch zur Entfaltung bringen? Und welchen Widerständen begegne ich dabei?

- Welche sind meine Grenzen, die ich klar erkenne und ohne Hadern annehmen kann? Beziehungsweise: Was hindert mich, diese Grenzen einfach zu akzeptieren?

SCHEIN UND SEIN

Ein angesehener Mitbürger gab ein Fest, und der Mullah ging hin, war aber nur in ein bescheidenes, einfaches Alltagsgewand gehüllt. Um ihn herum glänzten Seide und Samt und die herrlichste Garderobe.

Geringschätzig wurde seine dürftige Kleidung von den anderen Gästen gemustert. Man schnitt ihn, rümpfte die Nase und drängte ihn fort von den herrlichen Speisen des kalten Büfetts.

Geschwind eilte da der Mullah nach Hause, zog seinen schönsten Kaftan an und kam zurück auf das Fest — würdiger als einer der Kalifen.

Welche Mühe gab man sich nun um ihn! Jeder versuchte, mit ihm ins Gespräch zu kommen oder wenigstens eines seiner weisen Worte zu erhaschen. Es schien, als sei nun das kalte Büfett für ihn allein gedacht. Von allen Seiten bot man ihm die schmackhaftesten Speisen an.

Doch was machte der Mullah? Er stopfte sie in die weiten Ärmel seines Kaftans.

Genauso schockiert wie interessiert bestürmten ihn die anderen mit der Frage: »Oh Herr, was machst du denn da? Warum isst du nicht, was wir dir anbieten?«

Der Mullah fütterte weiterhin seinen Kaftan und antwortete gelassen: »Ich bin ein gerechter Mensch, und wenn wir ehrlich sind, gilt eure Gastfreundschaft nicht mir, sondern meinem Kaftan. Und der soll nun erhalten, was er verdient.«

Überspitzt dargestellt, und doch könnte es mit wenigen Abstrichen aus unserem heutigen gesellschaftlichen Leben gegriffen sein. Welche Erfahrung wird jemand machen, der in erkennbar billiger Kleidung ein Fünf-Sterne-Restaurant oder ein Luxusgeschäft betritt? Selbst wenn Bedienung und sonstige Kunden versuchen werden, es sich nicht anmerken zu lassen, geringschätzige Blicke und Naserümpfen wird es gewiss geben, und später wird große Erleichterung herrschen, wenn derjenige wieder verschwunden ist, der hier »erkennbar fehl am Platze« war. Ebenso mag es manchem Gastgeber peinlich sein, wenn einer seiner eingeladenen Gäste äußerlich qualitativ aus der Rolle fällt. Mit anderen Worten: Auch bei uns müssen in vielen Szenen die äußeren Attribute stimmen, sonst fällt man bei der ersten Begutachtung unten durch, egal welche inneren Werte man auch haben mag. So wenig bescheidene, einfache Sachen auf die wirkliche Kapazität und Persönlichkeit eines Menschen Rückschlüsse erlauben, so wenig kann man auch von den edelsten Statussymbolen auf den Wert und inneren Reichtum eines Menschen schließen. Bei einer Hochzeit in High-Society-Kreisen sagte einst ein Pfarrer: »Wenn ich mich hier in der Kirche so umschaue, muss ich Ihnen ehrlicherweise sagen: Wenn Ihr Inneres auch nur annähernd so glänzt wie Ihre Kleidung, dann können Sie sich glücklich schätzen, ansonsten hängen Sie all das schicke Zeug schnell wieder in den Schrank und machen sich daran, Ihr Seelenleben zu polieren.«

Natürlich kann einem das auch in umgekehrter Weise begegnen: Wer sich mit einem Dreiteiler oder Edelkostüm in die Alternativ- oder Jugendszene begibt, wird häufig auch nichts zu lachen haben. Jedes Milieu hat nun mal seinen Dresscode. Und die meisten Leute investieren viel Energie, dagegen nicht zu verstoßen, zu groß ist die Angst vor Ablehnung, Verurteilung oder gar Verspottung. So weit zu dem, was einem widerfahren kann, wenn die Äußerlichkeiten nicht stimmen. Doch interessanterweise läuft in uns selbst oft Ähnliches ab. Wie schnell beurteilen wir andere Menschen aufgrund bloßer äußerer Kriterien? Und wie fühle ich mich selbst, wenn ich merke, dass ich kleidungsmäßig aus der Rolle falle oder den vermeintlichen Erwartungen eines bestimmten Milieus nicht genüge?

All dies sind zunächst ganz normale Mechanismen. Da wir in der Regel als erstes mit dem äußeren Erscheinungsbild eines Menschen konfrontiert sind, wird automatisch unser inneres Bewertungssystem ein sofortiges erstes Urteil fällen. Ein Automatismus des Gehirns, der in anderen Konstellationen überlebenswichtig sein kann, wenn es zum Beispiel darum geht, blitzschnell Freund und Feind zu unterscheiden. Gewissermaßen muss man eingestehen: Wir können gar nicht anders, als ständig zu bewerten. Und das Äußere ist nun mal der erste Orientierungspunkt. Das ist ein Automatismus, an dem sich wenig ändern lässt. Worauf wir aber Einfluss haben und was wir tun können, um nicht zu Vollstreckern unserer Vorurteile zu werden, ist:

1. Wir können lernen, bewusst wahrzunehmen, *dass* wir dabei sind zu bewerten und möglicherweise gleichzeitig jemanden (oder uns selbst) aufgrund von Äußerlichkeiten geringschätzig beurteilen.
2. Wir können unseren Bewertungsmaßstab überprüfen und hinterfragen, warum wir aufgrund bestimmter äußerer Merkmale jemanden schnell »durchfallen« lassen.
3. Wir können uns selbst beobachten, wie sehr wir vom Wettlauf mit der Mode und dem Mithalten mit allen gesellschaftlichen Comme-il-faults in Stress geraten und was wir davon eigentlich wirklich wollen.

Dabei geht es auch nicht darum, ins andere Extrem zu verfallen und »auszusteigen« oder eine Anti-Haltung einzunehmen. Es geht um Flexibilität und Experimentierfreude und darum, das eigene Maß herauszufinden zwischen wirklich gewolltem und unvermeidlichem Outfit, zwischen Einfachheit und Freude an Schönem und letztlich zwischen Innerlichkeit und Äußerlichkeit.

Fragen zum Nachdenken

- Wie oft habe ich schon erfahren, aufgrund von Äußerlichkeiten bewertet worden zu sein, und habe versucht, mich den Erwartungen anzupassen?
- Wonach beurteile ich Menschen beim ersten Kontakt?
- Was möchte ich an meinen Investitionen in Statussymbole und Outfit eigentlich am liebsten ändern?

REICHTUM

Für die meisten Menschen ist ein gewisser materieller, äußerer Reichtum *Voraussetzung* für ein »menschenwürdiges« Dasein. Wenn das die Not wendende *Notwendigste* fehlt, ist es schwer, erfüllt und glücklich zu leben. (In diesem Sinne hatte Bertolt Brecht wohl Recht mit seinem Satz: »Erst kommt das Fressen, dann die Moral.«) Insofern ist eine gewisse finanzielle Absicherung Voraussetzung für Unabhängigkeit und Freiheit – wenn auch über das Maß des »Not-wendigen« sehr unterschiedliche Vorstellungen herrschen. Viele meinen, nie genug zu haben, andere kommen mit sehr wenig aus, und zum Diogenes oder Franz von Assisi sind wohl die wenigsten geboren.

Ein weiser Mann hatte den Rand seines Dorfes erreicht und ließ sich unter einem Baum nieder, um dort die Nacht zu verbringen, als ein Dorfbewohner angerannt kam und sagte: »Der Stein! Der Stein! Gib mir den kostbaren Stein!«

»Welchen Stein?«, fragte der weise Mann.

»Letzte Nacht erschien mir Gott Shiwa im Traum«, berichtete der Dörfler, »und sagte mir, ich würde bei Einbruch der Dunkelheit am Dorfrand einen weisen Mann finden, der mir einen kostbaren Stein geben würde, sodass ich für immer reich wäre.«

Der weise Mann durchwühlte seinen Sack und zog einen Stein heraus.

»Wahrscheinlich meinte er diesen hier«, sagte er, als er dem Dörfler den Stein gab. »Ich fand ihn vor einigen Tagen auf einem Waldweg. Du kannst ihn natürlich haben.«

Staunend betrachtete der Mann den Stein. Es war ein Diamant und sogar ziemlich groß. Er nahm den Diamanten und ging weg. Die ganze Nacht wälzte er sich im Bett und konnte nicht schlafen.

Am nächsten Tag weckte er den weisen Mann bei Anbruch der Dämmerung und sagte: »Gib mir den Reichtum, der es dir ermöglicht, diesen Diamanten so leichten Herzens wegzugeben.«

Das Entscheidende im Leben, so die Botschaft dieser Parabel, ist aber nicht der äußere, sondern der innere Reichtum, im Sinne von Erfüllung, Freude, Zufriedenheit und Seelenfrieden – also das, was das eigentliche »Glücklichsein« bedeutet, das letztlich *unabhängig* ist von äußeren Umständen. Wer viel von diesem inneren Reichtum hat, *braucht* den äußeren kaum noch und kann ihn gelassen abgeben – was aber nicht notwendigerweise heißt, dass er ihn nicht doch haben kann. Jedenfalls gilt: Je größer der innere Reichtum, desto geringer der *Bedarf* am äußeren!

Und doch stehen innerer und äußerer Reichtum in *keinem Entweder-oder-Verhältnis*. Auch der so häufig fehlinterpretierte Satz aus dem Neuen Testament: »Du kannst nicht Gott und dem Mammon dienen« bedeutet ja in erster Linie nur, dass man dem Geld und äußeren Reichtum nicht »dienen« soll, sich davon also nicht abhängig machen oder versklaven lassen soll. Sehr wohl kann eine innerlich reiche Person auch äußerlich reich sein und diesen Reichtum genießen. Meist kann man dabei feststellen, dass diese Menschen aus ihrer inneren Fülle heraus die äußeren finanziellen Mittel auch für andere Menschen oder eine Aufgabe in der Welt einsetzen – was dann gleichzeitig ihren inneren Reichtum mehrt.

Außerdem ist mit der Aufgabe materieller Güter nicht automatisch die Erlangung innerer Erfüllung verbunden. Allenfalls wird in gewisser Weise wieder Platz geschaffen für inneres (Er-)Leben, also Raum für die Entfaltung des inneren Reichtums. Solange sich fast alles nur um den äußeren Reichtum dreht, kommt unsere Seele oft zu kurz und wird, bildlich gesprochen, von den Diamanten erstickt.

Die Gefahr ist also nur die *Abhängigkeit* von äußerem Reichtum. Sie tritt in der Regel dann ein, wenn im Inneren kein ausreichendes Gegengewicht besteht. Ein möglicher Schlüssel liegt in der *Balance von äußerem und innerem Reichtum:*

- Je größer der innere Reichtum, desto mehr äußeren kann man vertragen und »aushalten«, ohne davon abhängig zu sein. Ja, umso intensiver wird man diesen möglicherweise sogar erleben. Denn je größer der »Innenraum« eines Menschen, desto stärker kann dieser auch als Resonanzraum für das Äußere in seinem Leben wirken.
- Je geringer der innere Reichtum, umso größer wird das Anhaften und Anklammern an äußere Sicherheiten – mit denen sich viele dann immer mehr vom »eigentlichen« Leben mit all seinen Schwierigkeiten und Schattenseiten abschirmen und von ihrer inneren Leere ablenken; meist, ohne sich dessen bewusst zu werden, da es ein sukzessiver Prozess ist. So wird über das Investment in immer teurere Musikanlagen das Eigentliche – die Musik – mehr und mehr vergessen.

Die Kunst im Leben könnte also darin bestehen, für die notwendigen finanziellen Mittel zu sorgen, um »menschenwürdig« leben zu können, gleichzeitig aber auch für seinen inneren Reichtum zu sorgen, für Erfüllung, Zufriedenheit und das wiederholte Auftanken der Seele. Und schließlich beide so gut es geht im Gleichgewicht zu halten, um aus der Fülle von innerem und äußerem Reichtum zu leben!

FRAGEN ZUM NACHDENKEN

- Worin besteht mein innerer Reichtum?
- Auf welche materiellen Güter möchte ich nicht verzichten, weil sie mein menschenwürdiges Dasein sichern?
- Welche äußeren Dinge belasten mich dagegen eher, sodass ich mir vorstellen könnte, sie wie den Diamanten abzugeben?

WIE VIEL BRAUCHT MAN?

Es war einmal ein armer Bauer, der kaum das Nötigste zum Leben hatte.

Ein reicher Großgrundbesitzer hatte deshalb Mitleid mit ihm und bot ihm an, ihm so viel Land zu schenken, wie er in der Zeitspanne zwischen Sonnenaufgang und Sonnenuntergang zu Fuß umschreiten könne. Die einzige Bedingung: »Du musst bei Sonnenuntergang wieder genau an dem Punkt sein, an dem du morgens aufgebrochen bist.«

Der arme Bauer war überglücklich, weil er bei weitem nicht den ganzen Tag brauchen würde, um so viel Land zu umwandern, wie er zu einem reichlichen Lebensunterhalt brauchte. So ging er frohen Mutes los, ohne Hast, mit ruhigem Schritt.

Doch dann kam ihm ein Gedanke: Warum willst du diese einmalige Chance nicht ausnützen, um so viel Boden wie nur eben möglich zu gewinnen?

Er malte sich aus, was er alles mit dem neu gewonnenen Reichtum anfangen würde.

Er beschleunigte seinen Schritt und ging in einem großen Kreis weiter, um noch mehr Land zu erhalten, ohne allerdings die Sonne aus den Augen zu lassen, damit er rechtzeitig zurückkehren könnte.

Da entdeckte er noch einen Teich und eine besonders

saftige Wiese und dort wiederum ein kleines Wäldchen, das er gern gehabt hätte.

Sein Schritt wurde hastig, sein Atem keuchend, sein Herz jagte, der Schweiß rann ihm von der Stirn.

Endlich, mit letzter Kraft und mit dem letzten Strahl der untergehenden Sonne erreichte er den Ausgangspunkt.

Ein riesiges Stück Land konnte er sein Eigentum nennen, als er vor Erschöpfung zusammenbrach und starb.

Was ihm blieb, ist jenes winzige Stückchen Erde, in dem er beerdigt wurde. Mehr braucht er jetzt nicht mehr.

Wie viel braucht der Mensch zum Leben? Wie viel brauche ich selbst? Wie oft schon habe ich geglaubt, wenn ich dieses oder jenes hätte, dann wäre ich glücklicher, wenn ich mehr Geld und noch mehr Wohlstand hätte, würde es mir besser gehen. Und wie oft bin ich selbst wie der arme Bauer im Leben unterwegs und renne, um noch diese einmalige Chance und jenen Gewinn mitzunehmen. »Mehr Geld, mehr Glück« – ein weit verbreiteter Trugschluss, der unser Wirtschaftsleben und unser Leistungsstreben maßgeblich prägt. Es sind nicht wenige, die sich für ihren Beruf aufopfern und schinden und glauben, all ihr Stress werde zumindest durch Status, Macht und Geld kompensiert. Doch ein kaputtes Herz kann mit noch so viel Geld oder gesellschaftlicher Anerkennung nicht aufgewogen werden. Man muss sich doch nur umschauen, um überall wahrzunehmen, dass Glück und Zufriedenheit eben nicht mit dem Einkommen steigen – im Gegenteil, bei den meisten ist das Verhältnis sogar reziprok: Je weiter die Gehaltskurve nach oben geht, umso mehr gehen oft die Mundwinkel nach unten. Am Ende braucht man das Geld, um den ganzen Stress mit Frustkäufen zu kompensieren.

Und warum macht Geld nicht glücklich? Warum lässt Glück sich nicht kaufen? Abgesehen davon, dass Zeit, menschliche Zuneigung, Gesundheit (allenfalls deren Reparatur) und Seelenfrieden eben nicht käuflich zu erwerben sind, wird von vielen ein ganz einfacher Grundsatz verkannt. Es ist der ökonomische (!) *»Grundsatz vom geringeren Mehrwert des zweiten Stück Kuchens«:* Im Verhältnis zum Genuss des ersten Stücks Apfelkuchen nehmen die subjektiv empfundenen Genusseinheiten beim zweiten Stück ab. Lebensfreude lässt sich durch Wiederholung nicht einfach addieren. Das Gesetz der Gewöhnung sorgt dafür, dass der erworbene Lebensstandard mit fortschreitender Zeit als Quelle für Glück und Erfüllung ausscheidet. Das Mehr wird verhältnismäßig immer weniger. Erschreckend? Vielleicht, aber an sich ganz normal. Es ist ein natürlicher Mechanismus unseres Gehirns, bestimmte Reize, wenn sie wiederholt vorkommen, mit der Zeit auszublenden und unsere Aufmerksamkeit auf neue Ziele zu richten. Bei den positiven Dingen im Leben ist dies allerdings verhängnisvoll. Die große Gefahr ist, all die Reichtümer im Leben mit der Zeit für selbstverständlich zu nehmen, abzustumpfen, übersättigt oder ihrer gar überdrüssig zu werden. Dies sind die Qualitätskiller Nummer eins für unser Seelenbefinden! Der Psychologe Abraham Maslow bezeichnete die »Gewöhnungen an unsere Segnungen« als eine wesentliche Ursache »menschlichen Übels, menschlicher Tragödie und menschlichen Leidens«. Und dann meinen wir, wieder loslaufen zu müssen, um dieses und jenes noch zu erlangen ... Ein Lauf im Hamsterrad, der nie endet, es sei denn, wir wachen auf, bevor unsere Gesundheit, unsere Seele und wir selbst auf der Strecke bleiben.

Letztlich ist es für unsere innere Erfüllung und unsere Zufriedenheit völlig egal, auf welchem materiellen Niveau wir leben (vorausgesetzt die Grundbedürfnisse sind gesichert). Es wird immer Millionen von Menschen geben, die viel weniger haben, und immer unzählige, die viel reicher sind. Auf jedem Lebensniveau gibt es Höhen und Tiefen, materielle wie seelisch-emotionale. Mit anderen Worten: Ein Stück Land brauchen wir, aber die Anzahl der Hektar ist letztlich ohne Belang. Was ich ohne Stress erreichen kann, ist gut, und wofür ich mich abhetzen muss, bringt in der Regel keinen Mehrwert an Glück.

Fragen zum Nachdenken

- In welchen Bereichen renne ich ähnlich wie der Bauer im Glauben, ich müsse noch dieses oder jenes erreichen oder mitnehmen?
- Welche anderen Bereiche meines Lebens leiden darunter oder kommen zu kurz?
- Wie viel brauche ich eigentlich wirklich?

NÄHE UND DISTANZ

Als ein unerwartet strenger Winter ins Land gezogen war und die meisten Tiere sich zum Winterschlaf zurückzogen, suchte sich auch eine Gruppe von Stachelschweinen eine wärmende Höhle. Sie verschlossen den Eingang und drängten sich dicht aneinander, um sich gegen die Kälte zu schützen.

Doch schon nach kurzer Zeit machten sie eine unangenehme Feststellung: In der Enge der Behausung verletzten sie sich gegenseitig mit ihren Stacheln und mussten die angenehme Temperatur mit Schmerzen bezahlen.

Auf den Rat der Ältesten hin suchten sie sich eine größere Höhle.

Diese bot genügend Platz, um die Stacheln auszubreiten, hatte aber den Nachteil, dass die einzelnen Tiere jetzt die nachbarliche Wärme entbehren mussten. Sie froren ganz erbärmlich.

Man war gezwungen, eine neuerliche Versammlung abzuhalten, in der Folgendes beschlossen wurde: Jedes Mitglied der Stachelschweingemeinschaft solle so weit von seinem Nachbarn entfernt sein, dass es den andern nicht verletze, aber doch wiederum gerade so nahe, dass es auch in den Genuss der Wärmeausstrahlung seines Artgenossen komme.

Diese Vereinbarung wurde eingehalten, und so überstanden sie friedlich und wohlbehalten den Winter.

Wir alle sind gewissermaßen wie Stachelschweine und brauchen im Kontakt mit anderen Menschen genügend Abstand, aber auch ausreichend Nähe. Von der Ausgewogenheit dieses Verhältnisses hängt es ab, ob wir uns wohl, bedrängt oder einsam fühlen. Zu viel erdrückende Nähe kann genauso unerträglich sein wie zu viel Abstand: im ersten Kontakt mit einem Menschen, in Freundschaften, in einer Beziehung oder der Ehe genauso wie im Verhältnis zu Kindern.

Warum? Alle Menschen haben ein Urbedürfnis nach Nähe und Geborgenheit, nach Kontakt und Begegnung, es ist gewissermaßen ein archetypisches Grundmuster. Nicht nur als Kleinkinder, sondern auch später im Leben. Je weniger dieses Urbedürfnis befriedigt wird, je mehr Nähe, Zuwendung und zwischenmenschlicher Kontakt fehlen, umso kostbarer und ersehnter werden diese. Eine Erfahrung, die leider vor allem alte und einsame Menschen machen.

Doch wie auch schon Babys bisweilen Raum für sich und Zeiten des Alleinseins benötigen, braucht man auch als Erwachsener genügend Abstand, um atmen zu können, um mit sich selbst zu sein und sich entfalten zu können. Denn zu viel Nähe kann zum Verlust des Kontaktes mit uns selbst führen. (Mehr zu diesem Aspekt finden Sie im Kapitel »Alleinsein«, S. 17.) Zu leicht verliert man dann das Gespür für die eigenen Gefühle und Bedürfnisse, und es besteht die Gefahr, sich aufzugeben und nur noch bezogen auf den anderen zu leben. Die meisten werden dabei unzufrieden, unglücklich und fühlen sich eingesperrt. So paradox es zunächst klingen mag: Zu viel Nähe kann Liebe ersticken. Wenn der notwendige äußere Abstand fehlt, werden wir häufig innerlich auf Abstand gehen und uns emotional distanzieren.

In jeder Beziehung geht es um den Balanceakt zwischen genügend Nähe und Gemeinsamkeiten einerseits und genügend Abstand und Raum für sich andererseits, will man die Flamme der Liebe am Leben erhalten. Wie auch zwei Holzscheite im Kamin nicht zu weit auseinander, aber auch nicht zu nah liegen dürfen, wenn das Feuer zwischen ihnen gut brennen soll. Oder wie die Hände, die ein Gummiband halten, den richtigen Abstand brauchen, um eine gesunde Spannung zu erhalten, damit das Band weder lasch durchhängt, noch überdehnt wird und gar zerreißt.

Für das Maß des richtigen Abstandes gibt es allerdings keine Patentlösung. Viele Paare versuchen, sich in gesellschaftliche Idealformen hineinzupressen und scheitern früher oder später daran. Wie viel Raum jemand braucht, ist sowohl kulturell sehr verschieden als auch von unserer Erziehung und Grundveranlagung abhängig. Es gibt Menschen, die sind eher distanziert und brauchen viel Raum zum Alleinsein, und andere sind Kontakttypen, die viel Nähe und Zweisamkeit brauchen, um sich wohl zu fühlen. Jede Beziehung muss da ihre eigene gesunde Form finden. Es mag Paare geben, die nahezu alles gemeinsam machen, womöglich sogar beruflich zusammenarbeiten, und sich damit wohl fühlen – und andere, die jeweils viel Raum brauchen, unter Umständen an verschiedenen Orten wohnen und aus der Spannung, die dieser Abstand kreiert, das Knistern ihrer Beziehung erleben, ihr Zusammensein genießen, genauso wie ihr Alleinsein. Jeder weiß dann, dass der andere *nicht von einem selbst weggeht, sondern zu sich hin* (was gefühlsmäßig einen ganz entscheidenden Unterschied macht!). Voraussetzung einer guten Beziehung ist also, so früh wie möglich zu klären, wie viel Raum und Abstand der jeweilige Partner braucht, zu experimentieren, wie viel Nähe gut tut und wann sie zu viel wird, und die jeweils eigene Form dafür zu finden. – Wie bei den Stachelschweinen geht es also darum, »so weit voneinander entfernt zu sein, dass man den anderen nicht verletzt, aber doch wiederum gerade so nahe, um ausreichend Wärme zu bekommen«. Nur so können wir die Winterzeiten des Lebens friedlich und wohlbehalten überstehen!

Fragen zum Nachdenken

- Was geschieht mit mir, wenn es mir zu eng wird und ich nicht genügend Raum für mich habe? Und was, wenn ich zu viel allein bin?
- Sorge ich ausreichend für meinen Raum, in der Beziehung, wie auch anderen gegenüber?
- Was möchte ich in meinem Leben verändern, um einerseits mehr Raum für mich, andererseits aber auch genügend Nähe, Wärme und Geborgenheit zu haben?

DER BLICK AUF ANDERE

Vor nicht allzu langer Zeit sorgte der amerikanische Multi-Milliardär Waren Buffett in den Schlagzeilen der Weltpresse für Furore, als er 37 seiner 40 Milliarden Dollar spendete. Warum erregte dies die Aufmerksamkeit der Öffentlichkeit so stark? In erster Linie wohl, weil die Freigiebigkeit reicher Leute nicht immer die Regel ist. Und nicht selten fragt man sich, warum gerade wohlhabende Menschen eher geizig als spendenfreudig sind. Eine Frage, die nicht neu ist.

Zum griechischen Popen von Epidauros kam eines Tages ein armer Krüppel, der schon seit längerem der Gemeinde zur Last fiel. »Hochwürden Panagios«, fragte er, »warum ist ein armer Mann, wenn ich ihn um Hilfe bitte, immer voll Mitleid und bereit zur Hilfe, während der Reiche, der es doch hätte, ablehnt, mir etwas zu geben?«

Der Pope führte ihn in seine Stube und ließ ihn durchs Fenster blicken. »Was siehst du da?«, fragte er den Krüppel.

»Einen Bauern, ein Pferd und einen Wagen«, antwortete der. Daraufhin führte der Pope ihn vor einen Spiegel im Hintergrund des Zimmers. »Und was siehst du jetzt?«, meinte er.

»Jetzt sehe ich nur mich«, war die Antwort.

»Also ist es doch klar«, sagte der Seelsorger, »wenn du

durch klares Glas blickst, siehst du die anderen, sobald aber hinter dem Glas eine Menge Silber ist, siehst du nur noch dich selbst.«

Diese Parabel kann zwei Ebenen des Umgangs mit anderen ansprechen. Zum einen die materielle: Warum gibt der Arme eher als der Reiche? Die Antwort dieser Geschichte: Zu viel Reichtum kann den mitfühlenden Blick auf andere versperren, sodass man nur noch die eigenen Belange wahrnimmt. »Reichtum macht hartherzig«, heißt es. In vielen Fällen mag das wohl so sein. Umgekehrt sind viele Menschen, die es selbst schwer haben oder hatten, offener für die Nöte anderer und im Rahmen ihrer Verhältnisse oft auch hilfsbereiter. – Daneben gibt es aber natürlich auch etliche reiche Menschen, die gerade ihre finanziellen Mittel und Möglichkeiten nutzen, um anderen zu helfen. Oft im Verborgenen, da mit der mitfühlenden und hilfsbereiten Haltung meist auch eine gute Portion Demut und Zurückhaltung einhergeht. Eine Haltung, die es nicht nötig hat, die eigene gute Tat auch noch an die große Glocke zu hängen. Schließlich, und das ist vielleicht sogar die häufigste Variante, gibt es viele Menschen, die in manchen Situationen sehr hilfsbereit sind und sogar bis an die Grenze ihrer finanziellen Möglichkeiten bereit sind zu geben und manchmal eher verschlossen bleiben, zumal es auch nicht möglich ist, immer und überall zu helfen. Entscheidend ist es wohl, berührbar zu bleiben für die Nöte anderer, gewissermaßen die Fenster frei zu halten, und zu erkennen, wann es ansteht, vom eigenen Wohlstand abzugeben – egal, wie »reich« man ist.

Doch kann noch eine ganz andere Ebene von dieser Geschichte berührt werden: Wie begegnen wir anderen? Mit dem offenen Blick (durchs Glas), oder blicken wir nur in den Spiegel unserer Bedürfnisse? Manchmal gelingt es uns wohl, die Menschen so wahrzunehmen, wie sie sind, ihnen zuzuhören und auf sie und ihre Bedürfnisse einzugehen. Oft aber sehen wir sie nur als Spiegel unserer Anliegen, projizieren uns selbst auf sie und nehmen letztlich nur wahr, wovor wir uns fürchten und was wir wollen. Auch das ist normal. Entscheidend ist, wahrzunehmen, wann wir im Kontakt offen sind (also durchs Glas schauen) und wann wir im anderen nur uns und unsere Wünsche wahrnehmen (also gespiegelt werden).

Je klarer und bewusster wir mit uns selbst sind, umso häufiger können wir andere sehen, wie sie sind, und, egal wie reich wir sind, aus mitfühlendem Herzen helfen, wenn es ansteht.

Fragen zum Nachdenken

- Wann erlebe ich mich eher verschlossen gegenüber den Nöten anderer?
- In welchen Situationen bin ich bereit, aus Mitgefühl zu geben?
- Was hilft mir, andere so wahrzunehmen, wie sie sind, und meine persönlichen Interessen außen vor zu lassen?

ANDEREN HELFEN

Nahezu alle Weisheitsbücher der Welt fordern uns auf oder empfehlen, anderen Menschen zu helfen. Sei es Jesus, der sagte: »Liebe deinen Nächsten wie dich selbst«, oder Cicero mit den Worten: »Durch nichts ist der Mensch den Göttern näher, als wenn er seinem Nächsten Gutes tut.« Doch warum? Was ist der Lohn? Warum »lohnt« es sich, anderen zu helfen? Dafür mag es verschiedene Gründe und Motive geben. Am plausibelsten könnte es sein, dass ich tatsächlich dafür belohnt werde. Wie beispielsweise in der folgenden Geschichte:

Ein Löwe lag im Schatten eines Felsens und hielt Mittagsruhe, als eine kleine Maus, die auf dem Felsen spielte, über den Rand auf das Haupt des schlafenden Löwen fiel. Der Löwe wurde davon wach und packte die flüchtende Maus mit seiner Tatze.

»Verschone mich, oh König der Tiere! Wenn du mich auffrisst, so wirst du nicht satt davon. Lässt du mich aber leben, so kann ich dir vielleicht auch einmal aus großer Not helfen.«

Der Löwe lachte und sprach: »Wem in der Welt willst du schon helfen können? Aber was das Sattwerden betrifft, hast du Recht. Also geh' weiter spielen und achte darauf, dass du mir nicht noch einmal vor die Nase fällst.«

Einige Tage später geriet der Löwe in die Fangnetze

eines Jägers, wo ihm all seine Kräfte nichts nützten, um aus der Falle zu kommen. Da brüllte er laut um Hilfe.

Die Maus, die das Brüllen hörte, rannte herbei. Als sie den Löwen sah, wie er sich in den Netzen des Jägers verfangen hatte, sagte sie zu ihm: »Erkennst du mich? Ich bin die kleine Maus, der du das Leben geschenkt hast.«

Und sie begann, mit ihren spitzen Zähnen das Fangnetz zu zernagen.

So kam der Löwe bald frei, und die Maus war stolz, dem König der Tiere das Leben gerettet zu haben.

Auch wenn man es nicht erwartet, könnte es sein, dass der, demgegenüber man sich großzügig gezeigt hat, einem später selbst einmal helfen kann. – Doch die Tat kann den Lohn auch direkt mit sich bringen:

Zwei Forscher gerieten im Hochgebirge von Tibet in einen Schneesturm. Da sahen sie plötzlich einen Mann, der im Schnee den Abhang hinuntergestürzt war und hilflos an einem Felsvorsprung hing. Der eine Forscher wollte sofort hinuntersteigen und dem Verunglückten helfen. Der andere weigerte sich mitzugehen. »Niemand kann von mir verlangen, dass ich mich um jemanden bemühe, während ich selbst in Gefahr bin, umzukommen«, sagte er. »Immerhin«, meinte der erste, »wenn wir schon sterben müssen, ist es gut, wir sterben, indem wir anderen helfen.« Der zweite wandte sich ab und ging seines Wegs, er änderte seine Meinung nicht.

Der Hilfsbereite stieg zu dem Verunglückten hinunter, hob ihn unter großer Gefahr mühsam auf seine Schultern und trug ihn bergan. Durch diese Anstrengung wurde ihm warm, und seine Wärme übertrug sich auf den schon ganz steifen Verunglückten.

Unterwegs fand der Retter seinen früheren Begleiter.

Müde, wie er war, hatte er sich hingelegt und war im tiefen Schnee erfroren.

Der Helfer aber hatte nicht nur einen Mitmenschen, sondern auch sich selbst vor dem Tod des Erfrierens gerettet.

Und wahrscheinlich ist das der wahre Lohn: Indem man anderen hilft, tut man sich selbst etwas Gutes. Dies wusste schon König Salomon, der in seinen Sprüchen im Alten Testament der Bibel sagte: »Wer Erbarmen übt, tut sich selbst wohl.« Doch funktioniert es nicht nur im physischen Sinn, wie in der Geschichte vom hilfsbereiten Forscher. Der eigentliche Lohn erfolgt auf der seelisch-psychischen Ebene: Wenn wir etwas für andere tun, dann tut es uns selbst gut, und zwar unmittelbar im Augenblick der Tat. Wir bekommen gewissermaßen in »Seelenwährung« sofort vergütet, was wir tun – ein *instant return on investment*. Nicht erst später im »Jenseits«. Daher müsste es heißen: Wir werden nicht – erst später – *für* unsere guten Taten belohnt, sondern *durch* unsere guten Taten – im Augenblick, da wir sie tun! Denn der Mensch hat anscheinend ein natürliches tiefes Bedürfnis zu geben. Und er ist froh, wenn er jemanden findet, dem er geben kann. Das kann man schon an der Freude kleiner Kinder erkennen, wenn sie einem etwas Selbstgebasteltes schenken. Demgemäß fährt König Salomon in seinen Sprüchen fort: »Wer anderen gerne hilft, wird wohlgenährt; wer andere sättigt, wird auch selbst gesättigt.« Insofern könnte man sogar sagen: »Was auch immer wir für andere tun, wir tun es (auch) für uns!« Gewissermaßen geht es um einen gesunden »altruistischen Egoismus«, der auch unabhängiger machen kann von der Anerkennung durch andere. – Wir dienen uns selbst, wenn wir anderen dienen!

Fragen zum Nachdenken

- Wann habe ich schon die Erfahrung gemacht, dass es sich gelohnt hat, jemandem zu helfen, auch wenn ich es vielleicht gar nicht erwartet habe?
- Habe ich schon erlebt, dass es mir selbst guttut, etwas für andere zu tun? Was genau empfinde ich dabei?
- Wie könnte ich – auch nur im Kleinen – mehr für andere tun?

GANZ BEI DER SACHE

Ein Bauernmädchen war auf dem Weg zu seinem Geliebten. Sie kam an einem Mullah vorüber, der betete. In seiner Unwissenheit schritt sie einfach an ihm vorbei, ohne ihm ihre Ehrerbietung zu erweisen. Der Mullah war darüber sehr zornig, und als das Mädchen zurückkehrte, schalt er es für sein Vergehen. »Mädchen, was hast Du für eine Sünde begangen, als du, ohne mich zu beachten, an mir vorübergingst, während ich betete.« Sie antwortete: »Was ist das – beten?« Er erwiderte: »Ich dachte an Allah, den Herrn des Himmels und der Erde, und hielt Zwiesprache mit ihm.«

Da sagte die Gescholtene: »Es tut mir leid. Ich weiß kaum etwas von Allah und vom Beten. Ich war auf dem Weg zu meinem Geliebten und war ganz von dem Gedanken an ihn erfüllt. Da war kein Platz mehr für anderes. Ich sah also nicht, dass du gebetet hast. Aber wie konntest du mich sehen, wenn du nur an Allah dachtest?«

Ganz von einem Gedanken erfüllt sein, mit ungeteilter Aufmerksamkeit in einer Tätigkeit aufgehen, ist ein Zustand, den wir in der heutigen schnelllebigen Multitasking-Welt immer seltener erleben. Infolge zunehmender Reizüberflutung unterliegen wir einer permanenten »Chaosberieselung«, die den Scheinwerfer unserer Aufmerksamkeit zwischen den verschiedenen Dingen hin und her schweifen lässt und verhindert, dass wir länger bei einer Sache bleiben. Oft beschäftigen wir uns sogar mit mehreren Dingen gleichzeitig und infolgedessen mit keiner Sache so richtig. Neueste Forschungen haben ergeben, dass unser Gehirn sich nicht mit zwei Dingen gleichzeitig optimal beschäftigen kann. Bei Doppelbelastung werden beide Angelegenheiten qualitativ schlechter durchgeführt. Ohne dass wir es bewusst merken, können wir dabei immer mehr in eine Verfassung innerer Unruhe und Zerrissenheit geraten.

Wenn es uns dagegen gelingt, für eine gewisse Zeit ganz bei einer Sache zu sein, werden unsere mentalen Kräfte wieder gesammelt und gebündelt. Wir können in dem, was wir tun, »versinken«, darin »aufgehen« und damit weitgehend »eins werden«. Gleichzeitig verhindert unser Gehirn, dass störende Reize unser Bewusstsein erreichen, vor allem werden Sorgen, Probleme und Grübeleien für eine gewisse Zeit abgewehrt. Denn wenn wir von einer Sache voll in Anspruch genommen sind, hat unser Arbeitsgedächtnis für sonstige Reize keine Kapazitäten mehr frei. So wie ein im Spiel versunkenes Kind das Rufen der Mutter nicht wahrnimmt und das Bauernmädchen den betenden Mullah am Wegesrand nicht bemerkte. Auch unser Ich tritt in den Hintergrund, und wir geraten in einen Zustand gesunder Selbstvergessenheit, in dem wir innerlich auftanken. Wenn wir mit unserer Aufmerksamkeit ganz im Hier und Jetzt sind, scheint die Zeit stillzustehen (ein Zustand, der auch das Ziel verschiedener meditativer Praktiken ist).

Die Frage ist nur, wie macht man das, mit ungeteilter Aufmerksamkeit ganz bei einer Sache zu sein? Denn wir haben ja keinen Schalter am Kopf, den wir bei Bedarf auf »Konzentration« umstellen können. Die Antwort findet sich letztlich schon in der Aussage des Bauernmädchens: Sie war ganz von dem Gedanken an ihren Geliebten erfüllt, da war kein Platz für etwas anderes. Das sind die beiden entscheidenden Faktoren: *Erstens ein mentaler Magnet*, eine bestimmte Beschäftigung, die unsere Aufmerksamkeit in Anspruch nimmt, sei dies nun ein Gedanke, eine Arbeit, ein Hobby oder ein Spiel. Je interessanter die Aufgabe, je faszinierender die Tätigkeit, desto stärker ist auch die mentale Magnetkraft, und desto geringer sind die Ablenkungschancen. Allerdings besteht immer noch die Gefahr, durch Unterbrechungen herausgerissen zu werden, sodass der *zweite Faktor* darin besteht, dass »kein Platz für etwas anderes« ist, also – soweit es geht – sich von *allen potenziellen Störungen und Ablenkungen abzuschirmen:* von Störungen durch Personen, durch Telefonate oder E-Mails, durch Lärm und so weiter. Die vielen Ablenkungen und Unterbrechungen von außen gehören zu den Hauptursachen, dass wir so selten ganz bei einer Sache sind.

Schaffen Sie in Ihrem Leben also wieder Inseln der Versunkenheit, ob bei der Lektüre eines guten Buches, beim Aufräumen oder bei der Gartenarbeit, durch Spiele und Sport, bei einem Hobby, aber genauso bei einer Arbeit, die Sie ganz in Anspruch nimmt. Das wird nicht nur dem Ergebnis Ihrer Tätigkeit zugute kommen, sondern Ihnen auch innerlich wohltun. – Vor allem aber, tun Sie das, was Sie tun, aus ganzem Herzen, ohne schlechtes Gewissen und den destruktiven Gedanken, Sie könnten oder müssten stattdessen eigentlich besser etwas anderes machen. Sonst ergeht es Ihnen wie in der folgenden Geschichte:

> *Zwei indische Kaufleute, die seit Jahren gute Freunde waren, wollten sich einen schönen Tag in einem Bordell machen. Sie gingen den Ganges entlang, es war ein kühler Morgen, und das Leben in der Stadt begann erst langsam sich zu regen.*
>
> *Unterwegs bemerkten sie unter einem Banjabaum einen heiligen Meister im orangenfarbenen Gewand, um den herum sich eine Gruppe gläubiger Menschen geschart*

hatte. Der eine unserer Freunde fühlte sich von diesem Heiligen so stark angezogen, dass er sich neben die Wissbegierigen hockte und sein ursprüngliches Vorhaben in den Wind schlug. Der andere ging weiter ins Bordell, wo er in den Armen einer hübschen Hure landete. Doch wie es so geht: Er war gar nicht so recht bei der Sache, weil er ständig daran denken musste, dass er nun die erbaulichen Gespräche mit dem heiligen Mann versäumt hatte wegen eines so wenig gottgefälligen Vergnügens.

Sein Freund dagegen, der neben dem Meister hockte, wurde von übergroßem Bedauern geplagt, weil er nicht doch mit ins Bordell gegangen war. Er malte sich in glühenden Farben aus, was der andere inzwischen wohl erlebte. So hörte er von den erhabenen Reden kaum ein Wort.

Keiner von beiden war zufrieden, keiner von beiden war im Hier und Jetzt.

Fragen zum Nachdenken

- Bei welchen Tätigkeiten fällt es mir leicht, ganz bei der Sache zu sein?
- Welche sind die häufigsten Störungen in meinem Alltag, die mich immer wieder daran hindern, für eine längere Zeit mit ganzer Aufmerksamkeit bei einer Sache zu sein?
- Wie könnte ich es schaffen, häufiger in meinem beruflichen wie privaten Leben solche Inseln der Versunkenheit zu schaffen, in denen ich Störungen weitgehend ausschalte?

MUT UND SELBSTVERTRAUEN

Es war einmal ein Löwe, der in einer Wüste lebte, die ständig vom Wind durchweht war. Deshalb war das Wasser in den Wasserlöchern, aus denen er normalerweise trank, niemals ruhig und glatt; der Wind kräuselte die Oberfläche, und nichts spiegelte sich im Wasser.

Eines Tages wanderte der Löwe in einen Wald, wo er jagte und spielte, bis er sich ziemlich müde und durstig fühlte.

Auf der Suche nach Wasser kam er zu einem Teich mit dem kühlsten, verlockendsten und angenehmsten Wasser, das man sich überhaupt vorstellen kann.

Löwen können – wie andere wilde Tiere auch – Wasser riechen, und der Geruch dieses Wassers war für ihn wie Ambrosia.

Der Löwe näherte sich dem Teich und streckte seinen Schädel übers Wasser, um zu trinken.

Plötzlich sah er jedoch sein eigenes Spiegelbild und dachte, es sei ein anderer Löwe.

»Oh je«, sagte er zu sich. »Das Wasser gehört wohl einem anderen Löwen. Ich sollte vorsichtig sein.«

Er zog sich zurück, aber der Durst trieb ihn wieder zum Wasser. Und abermals sah er den Kopf eines furchterregenden Löwen, der ihn von der Wasseroberfläche her anstarrte.

Diesmal hoffte unser Löwe, er könne den »anderen Löwen« verjagen und riss sein Maul auf, um furchterregend zu brüllen. Aber als er gerade seine Zähne fletschte, riss natürlich auch der andere Löwe sein Maul auf, und der gefährliche Anblick erschreckte unseren Löwen. Und immer wieder zog sich der Löwe zurück und näherte sich dem Teich. Und immer wieder machte er dieselbe Erfahrung. Nachdem einige Zeit vergangen war, wurde er aber so durstig und verzweifelt, dass er zu sich selbst sagte: »Löwe hin, Löwe her, ich werde jetzt von diesem Wasser trinken.«

Und wahrlich, sobald er sein Gesicht in das Wasser tauchte, war der »andere Löwe« auch schon verschwunden.

In der Tat, oft sind unsere eigenen Ängste und Befürchtungen viel größer als die vermutete Gefahr, in manchen Fällen sind sie sogar völlig unbegründet. Wie der Löwe im Wasser nur sein eigenes Spiegelbild sieht, sehen wir im Leben oft Gefahren, die allein unsere inneren Negativbilder spiegeln und mit der Realität gar nichts zu tun haben. Und ebenso wie in der Geschichte gilt es auch in unserem Leben manchmal, nur den ersten Schritt zu wagen, dem entgegenzutreten, wovor wir uns ängstigen. »Tue, was du fürchtest, und die Furcht stirbt einen sicheren Tod«, sagte schon Dale Carnegie. Wie ein Kind, das voller Angst zum ersten Mal auf dem Dreimeterbrett steht, sich dann überwindet, ins Wasser zu springen, und die Erfahrung macht, dass all seine Befürchtungen unbegründet waren. Wenn wir dagegen vor unserer Angst davonlaufen, wird sie häufig immer größer und gewinnt immer mehr Macht über uns.

In einem Märchen muss ein Held auf dem Weg zu seinem Ziel mehrere Prüfungen bestehen. Unter anderem muss er ein Höhlenlabyrinth durchqueren. Plötzlich merkt er, dass er in den Höhlengängen verfolgt wird, und als er sich umdreht, stellt er mit Schrecken fest, dass die sogenannten Schattenwölfe hinter ihm her sind. Von ihnen wird berichtet, dass sie bisher jeden Menschen zu Tode gehetzt hätten. Sofort läuft der Held los und versucht vor ihnen zu fliehen, doch je schneller er auch läuft, umso näher rückt das Rudel der Wölfe. Schon hört er ihr Schnaufen und Jaulen dicht an seinen Fersen, als er plötzlich über einen Stein stolpert und zu Boden stürzt. Nun sei es um ihn geschehen, nun würden sie gleich zubeißen und ihn in Stücke reißen, denkt er. Doch die Wölfe stehen still, in einem Meter Entfernung, und starren ihn mit ihren roten fürchterlichen Augen an. Gleichzeitig bemerkt er, dass er unmittelbar vor einem Abgrund zu Fall gekommen war. Noch ein paar Schritte weiter und er wäre in eine tiefe Schlucht gestürzt und unten auf dem Felsen zerschellt. Noch immer bewegen sich die Wölfe nicht. In seiner Verzweiflung rafft er sich auf und geht einen Schritt auf das Rudel zu, das zu seiner großen Verwunderung ebenfalls einen Schritt zurückweicht. Mit dem Rest seines Mutes wagt er es, immer entschiedener auf sie zuzugehen, und immer schneller weichen auch sie zurück. Als er schließlich auf sie zuläuft, drehen sie sich um und ergreifen die Flucht, bis sie völlig verschwunden sind. Am Ausgang des Labyrinths trifft er später auf einen alten, weisen Mann, dem er sein Erlebnis erzählt. Da lächelt dieser und sagt: »Die Schattenwölfe waren nichts als deine eigenen Ängste. Nur wenn du vor ihnen flüchtest, haben sie Macht über dich und können dich zu Tode hetzen. Sobald du sie anschauen kannst und ihnen entgegentrittst, können sie dir nichts mehr anhaben und verschwinden«.

Eine Erfahrung, die Sie vielleicht auch schon gemacht haben? Die gefürchtete Prüfung war viel leichter als gedacht, die Aussprache mit dem Chef harmloser als erwartet, eine vermeintlich schwere Aufgabe viel leichter als vermutet. Doch diese Erfahrungen können wir nur machen, wenn wir den ersten Schritt wagen und uns der Herausforderung stellen. Manchmal gilt es tatsächlich, den ersten Schritt vorsichtig zu tun, um daraus den Mut für den nächsten zu schöpfen. Die Frage ist nur, ob der innere Antrieb, wie in den beiden Geschichten, erst aus letzter Verzweiflung kommen muss, oder ob wir nicht schon vorher aus freien Stücken den Mut finden, der Angst entgegenzutreten. Je häufiger wir die Erfahrung machen, dass die Furcht verschwindet, wenn wir das Gefürchtete wagen, umso größer wird auch unser Selbstvertrauen und damit die Bereitschaft, den entscheidenden Schritt immer öfter zu tun.

Fragen zum Nachdenken

- Bei welchen Gelegenheiten habe ich schon erfahren, dass meine Befürchtungen völlig unbegründet waren und dass die Angst verschwand, nachdem ich den ersten Schritt getan hatte?
- In welchen Bereichen habe ich immer noch Angst, die vermutlich nur in meiner Vorstellung besteht?
- Was könnte mir helfen, in diesen Bereichen wie der Löwe das Gesicht ins Wasser zu tauchen oder wie der Held auf die Schattenwölfe zuzugehen?

FLEXIBILITÄT ODER STARRSINN

Am Ufer eines Teiches wuchs eine mächtige und stolze Eiche. Sie trotzte jedem Wetter und beugte sich keinem Sturm.

In ihrer Nähe wuchs ein Schilfrohr, das schwach und zerbrechlich wirkte, da es bei jedem leichten Windstoß schwankte.

Der Eiche tat das Schilfrohr leid, und sie sagte zu ihm: »Wenn du doch näher bei meinem starken Stamm gewachsen wärst! Dann könnte ich dich beschützen.«

Das kleine Schilfrohr bedankte sich für die Freundlichkeit, meinte jedoch, dass ihm schon nichts geschehen werde: »Wenn ein gewaltiger Sturm kommt, dann beuge ich mich und lasse ihn über mich hinwegbrausen. Ich werde nicht brechen.«

Die starke Eiche verstand das Schilfrohr nicht. Sie würde sich niemals beugen. Sie war davon überzeugt, jedem Sturm trotzig und kraftvoll Widerstand leisten zu können.

Da geschah es eines Nachts, dass ein gewaltiger Orkan über die Gegend fegte.

Die Eiche blieb standhaft und wollte sich nicht unterwerfen.

Das Schilfrohr hingegen presste sich eng gegen den Boden und ließ ihn über sich hinwegfegen.

Und als sich der Orkan ausgetobt hatte, lag die Eiche am Boden – die Wurzeln aus dem Boden gerissen, die Blätter weggefegt und Zweige und Äste zerbrochen.

Das kleine Schilfrohr dagegen stand aufrecht und erwartete den Morgen.

Eiche oder Schilfrohr stehen hier für zwei grundverschiedene Haltungen im Leben. Die »Eichenhaltung« war vor allem bei den früheren Generationen das Ideal, das vermittelt und gelebt wurde, während Menschen mit »Schilfrohrmentalität« als schwache Charaktere belächelt, verachtet oder verurteilt wurden, als würden sie ihr Fähnchen jeder Windrichtung anpassen. Wofür könnten im persönlichen Leben die Bilder der Eiche und des Schilfrohrs stehen?

Eichenmenschen sind eher konservativ, unbeweglich, starr und oft gleichzeitig stur. Sie verfolgen ihre Ziele mit den alten, für sie erprobten Strategien, scheuen Veränderungen und halten an ihren bisherigen Positionen und Ansichten so gut sie können fest. Sie erreichen ihre Ziele mit Kraft, notfalls mit juristischen Prozessen oder Gewalt, und sie führen bisweilen wie ein Soldat einen Kampf auf Leben und Tod. Es geht ihnen ums Recht-haben-Müssen, sie verurteilen andere nach klaren Kriterien von gut und böse, von richtig und falsch, und statt zu verzeihen sind sie nachtragend und versuchen, erlittenes Unrecht »Auge um Auge ...« zu rächen. Ihre Starrheit ist oft auch äußerlich in ihrer eher steifen Körperhaltung und ihren unbewegten Gesichtszügen erkennbar, die kaum Emotionen wahrnehmen lassen.

Schilfmenschen sind dagegen eher flexibel, beweglich und notfalls in der Lage nachzugeben, ohne aber ihren inneren Standpunkt aufzugeben. So wie auch das Schilfrohr seinen Standpunkt, wo es aus der Erde wächst und seine Wurzeln hat, nicht aufgibt, wenn es sich dem Sturm beugt. Sie sind eher bereit, neue Wege zu gehen, sich dem Wandel der Dinge anzupassen, zu lernen, zu experimentieren und sich zu ändern. Dabei gehen sie möglichst behutsam und tastend vor, ohne starre Konzepte, und folgen primär ihrer Intuition und ihrem Gefühl. Sie haben leichter den Mut, loszulassen und auch Nachsicht zu üben. Sie vergeben sich nichts, wenn sie jemandem vergeben. Bildlich gesprochen agieren sie mit der Haltung des Aikido-Kämpfers, der sich der Kraft des Gegners nicht entgegenstellt, sondern ausweicht und diesen mit seiner eigenen Energie zu Fall bringt. Auch äußerlich wirken diese Menschen relativ geschmeidig und entspannt, mit gelassenen, oft gütig lächelnden Augen und Gesichtszügen.

Natürlich wurden hier zwei Extreme gezeichnet, und auch wenn man bisweilen einem reinen Prototypen wie den hier dargestellten begegnen mag, so hat doch jeder Mensch beide Haltungen in sich, die je nach Lebensphase oder Situation stärker zum Tragen kommen. Bei den meisten lassen sich allerdings Tendenzen feststellen, die mehr in die eine oder andere Richtung gehen, und bei der Persönlichkeitsentwicklung vollzieht sich der gesunde Reifungsprozess von der starren Eichenhaltung hin zur flexiblen Schilfhaltung. Man wird sonst die Stürme des Lebens nur schwer überstehen. Die heutigen Stürme sind Wirtschaftskrisen, Krankheiten oder Epidemien, Naturkatastrophen, persönliche Konflikte und Beziehungskrisen, menschliche Verluste und innere Sinnkrisen. Entscheidend ist dabei die Kombination aus einer festen Verankerung im Boden, also einer inneren Verwurzelung (das haben Eiche und Schilf gemeinsam), und einer äußerlichen Flexibilität. »Sich beugen, sich eng an den Boden pressen und den Sturm über sich hinwegfegen zu lassen« bedeutet konkret:

1. den Sturm rechtzeitig zu erkennen,
2. ihn anzunehmen, so sehr man ihn auch fürchten mag, und
3. sich anzupassen. Das heißt, ohne groß zu hadern, zu lernen, mit der neuen Situation bestmöglich klarzukommen.

Sicher ist dies oft nicht leicht, aber der einzig kluge Weg, um nicht verbittert auf der Strecke zu bleiben.

Fragen zum Nachdenken

- In welchen Situationen bin ich eher unbeugsam und unnachgiebig wie eine Eiche?
- Wann dagegen bin ich eher flexibel und anpassungsfähig wie ein Schilfrohr?
- Wie kann ich es schaffen, immer mehr mit der Haltung des Schilfrohrs zu leben?

LERNEN UND FORTBILDUNG

Ein Mullah, stolzer Besitzer eines Kahns, lud den Schulmeister seines Dorfes zu einer Bootsfahrt auf dem Kaspischen Meer ein. Behaglich räkelte sich der Schulmeister unter dem Sonnendach des Bootes und fragte den Mullah: »Wie wird wohl heute das Wetter werden?«

Der Mullah prüfte den Wind, blickte zur Sonne und sagte: »Wenn du mir fragst, wir kriegen Sturm.«

Entsetzt rümpfte der Schulmeister die Nase und kritisierte: »Mullah, hast du nie Grammatik gelernt? Das heißt nicht mir, sondern mich.« Dafür hatte der so Getadelte nur ein Achselzucken übrig: »Was kümmert mir die Grammatik?«

Der Schulmeister war verzweifelt: »Du kannst keine Grammatik. Damit ist die Hälfte deines Lebens vergeudet.«

Wie es der Mullah vorausgesagt hatte, zogen am Horizont dunkle Wolken auf, ein starker Sturm peitschte die Wogen, und das Boot schwankte wie eine Nussschale. Aus den Wellen ergossen sich riesige Wassermassen über das kleine Schiff.

Da fragte der Mullah den Schulmeister: »Hast du jemals in diesem Leben schwimmen gelernt?«

Der Schulmeister antwortete: »Nein, warum sollte ich denn schwimmen lernen?«

Breit grinsend gab ihm der Mullah zur Antwort: »Damit sind von deinem Leben jetzt beide Hälften vergeudet, denn unser Boot ist gerade dabei zu sinken.«

Grammatik oder Schwimmen: Wofür könnten sie in dieser Parabel stehen? »Grammatik« kann man verstehen als das theoretische Wissen, wissenschaftliche Details und Finessen, als Abstraktes und intellektuelle Abhandlungen, letztlich als das Wissen *über* das Leben, im Unterschied zum praktischen Wissen und Können, *wie* man lebt … und überlebt. Dafür kann das »Schwimmen« in der Parabel stehen. Denn wer schwimmen nur aus Büchern gelernt hat, wird sich auch nicht retten können, wenn das Boot sinkt.

Wie viele Dinge haben wir schon gelernt, die in der Praxis relativ wertlos sind? Nun gut, sie mögen unsere Denkfähigkeit trainiert haben, und insofern letztlich doch nicht ganz wertlos sein. Jahrelang habe ich nach meinem Staatsexamen angehende Juristen ausgebildet und während ihrer Studienzeit gecoacht. Manchen war, selbst nach mehreren Jahren qualvoller Schinderei mit dieser zunächst sehr abstrakten und trockenen Materie klar, dass sie damit im Leben weder erfolgreich noch glücklich werden würden, insofern am besten schnellstmöglich einen anderen Weg einschlagen sollten, der ihrer persönlichen Veranlagung entsprach. Oft stieß ich dann auf den resignierenden Einwand, dann hätten sie aber zwei Jahre ihres Lebens vertan. Nein, das hatten sie nicht! Sie hatten sich in einer ihnen vielleicht nicht primär liegenden, aber doch sehr wichtigen Denkweise geübt: nämlich logisch und strukturiert an ein Problem heranzugehen, dialektisch in Pro und Contra zu denken, Standpunkte nachvollziehbar begründen zu müssen und zu erkennen, dass es im Einzelfall oft sehr schwer ist, zu sagen, wer Recht hat und, was wohl eine der schwierigsten Erkenntnisse im Leben ist, dass in vielen Fällen beide Seiten Recht haben. Insofern war ihr »Grammatikstudium« nicht umsonst, auch wenn sie es nicht zum Abschluss gebracht haben. Aber auch wenn sie das Studium mit dem Examen abgeschlossen haben, dann haben sie im Sinn dieser Geschichte nur Grammatik gelernt. Das Schwimmen beginnt danach. Das bedeutet für einen Juristen die Fähigkeit genau zu erkennen, was der Mandant will, ob der Fall die eigenen Grenzen überschreitet, Kommunikations- und Verhandlungstechnik, Einfühlungsvermögen, zuhören können, Versöhnungsbereitschaft und so weiter. So wie ein angehender Chirurg nach seinem Studium praktisch lernen muss zu operieren oder ein Betriebswirtschaftsstudent nach seinem Abschluss erstmals erfährt, dass es im Business oft um ganz andere Dinge geht. – So ist es in vielen Bereichen, womit die Kenntnis der »Grammatik« nicht infrage gestellt werden soll. Entscheidend ist es nur, daneben oder danach auch »Schwimmen« zu lernen.

Eigentlich beginnt dieses Thema schon sehr früh im Leben: Wo lernt man, wie man lernt, wie man mit Niederlagen umgeht, wie man sich motiviert, wie man im Stress die Balance behält, wie man mit anderen redet, um verstanden zu werden, wie man eine Beziehung führt, wie man Kinder erzieht, wie man mit Geld umgeht ... und wie man erfüllt und glücklich leben kann? Das ist das Schwimmen. Und vor allem, wie man sich über Wasser hält, wenn das Schiff sinkt: Wenn man in einer Sinnkrise steckt, seinen Job verloren hat, schwer krank geworden ist oder einen nahen Angehörigen verloren hat?

Manchmal haben es die Eltern geschafft, einem das beizubringen, manchmal lernt man es in der Not selbst, doch es ist möglich, sich in entsprechenden Trainings und Ausbildungen diese Fähigkeiten schon vorher anzueignen, also schwimmen zu lernen, bevor das Boot sinkt – zumindest aber, wenn es sinkt, professionelle »Schwimmlehrer« zu engagieren.

Fragen zum Nachdenken

- Wie viele Dinge habe ich gelernt, von denen ich rückblickend sagen könnte, dass sie für mich wie »Grammatik« sind und mit der Praxis wenig zu tun haben? Welche Fähigkeit könnte ich dadurch dennoch erlangt haben?
- Was bedeutet es für mich, » schwimmen« zu können?
- In welchen Bereichen sollte und möchte ich noch »schwimmen« lernen? Und wie könnte ich das in mein Leben integrieren?

DER »RICHTIGE« WEG

Ein besonders frommer Derwisch geht tief in Gedanken versunken an einem Flussufer entlang. Plötzlich wird er aufgeschreckt durch den laut hinausgeschrienen Derwischruf »U YA HU«.

Der Derwisch hört genau hin und sagt zu sich: »Das ist vollkommener Blödsinn, denn der Rufer spricht die Silben ganz falsch aus. Richtig muss es heißen ›YA HU‹.«

Er weiß, dass er als wissender Schüler die Pflicht hat, diesen unglücklichen Schüler eines Besseren zu belehren. Deshalb mietet er sich ein Boot und rudert zu der im Fluss liegenden Insel, von der die Schreie kommen. Dort findet er einen Mann in einem Derwischgewand in einer Hütte, der sich zu dem Schrei rhythmisch bewegt.

»Mein Freund«, sagt der Derwisch, »du sprichst das falsch aus. Es ist meine Pflicht, dich darauf hinzuweisen. Du musst das so sprechen.« Und er macht es ihm vor.

»Danke«, sagt der andere demütig, und der erste Derwisch steigt wieder in sein Boot. Er ist zufrieden mit sich, weil er wieder eine gute Tat vollbracht hat. Denn es wird gesagt, dass derjenige, der die richtige Formel benutzt, sogar über Wasser gehen kann. Kaum ist er am Ufer, tönt es wieder aus der Hütte: »U YA HU.«

Während der besonders fromme Derwisch über die Halsstarrigkeit der menschlichen Natur zu meditieren beginnt, sieht er plötzlich eine merkwürdige Erscheinung.

Von der Insel her kommt der andere Mann auf ihn zu, und er geht auf der Wasseroberfläche!

Starr vor Staunen lässt der Fromme den anderen an sein Ruderboot herantreten und hört ihn sagen: »Bruder, entschuldige, wenn ich dich noch einmal belästige, aber ich bin zu dir gekommen, um dich zu bitten, mir noch einmal die richtige Formel des Ausrufs zu nennen, denn ich kann sie nur so schwer behalten.«

Viele Dogmatiker, Gurus und sonstige »Ich-weiß-wo's-lang-geht-Propheten« nehmen für sich in Anspruch, die »richtige« Formel, den »richtigen« Weg gefunden zu haben wie man leben soll, um glücklich zu werden oder um ein »gottgefälliges« Leben zu führen. In den großen Religionen findet man sie wie auch in den verschiedenen Richtungen innerhalb der einzelnen Traditionen. Und obwohl sie sich oft widersprechen, behaupten viele, den »wahren« Schlüssel zur Seligkeit zu besitzen. Als Rat- und Orientierungssuchender kann man leicht verwirrt und unsicher werden. Auf wen soll man hören, wem glauben, wem folgen?

Niemand kann diese Frage für uns beantworten, weder Weise, Gelehrte, Therapeuten noch Priester. Niemand kann die Antwort auf die für uns wichtigsten und essenziellsten Fragen im Leben finden, genauso wenig, wie niemand Reifungs- und Wachstumsprozesse für uns absolvieren kann. Jeder muss für sich selbst herausfinden, was ihm gut tut, was ihn erfüllt und ihm hilft, Orientierung und inneren Halt im Leben zu gewinnen. Da gibt es keine Patentlösungen. Denn jeder Mensch ist verschieden, ist anders »gestrickt«, hat eine eigene Persönlichkeits- und Denkstruktur, unterschiedliche Vorlieben, Bedürfnisse und Empfindungsweisen, gewissermaßen auch eine andere

Seelenstruktur. Was für den einen gut ist, kann für den nächsten wenig hilfreich sein.

Letztlich geht es auch nicht um die Frage nach dem *dogmatisch* richtigen Weg, sondern um die ganz *pragmatische* Frage, was einem Menschen als Kraftquelle und zur Orientierung dienen kann, um seinen inneren Durst zu löschen. Es geht also nicht um »richtig« oder »falsch«, sondern nur um »wirksam« oder »unwirksam« im eigenen Leben. Nicht, was man tun sollte, sondern was man tun kann. Das herauszufinden erfordert inneres Interesse, Offenheit, den Mut, behutsam zu experimentieren, und manchmal auch eine gesunde Skepsis gegenüber allzu simplen und rigorosen Heilsversprechungen. Mit der Zeit wird man mehr und mehr herausfinden, was einem hilft auf dem Weg nach Innen, zu Gott, wenn man gläubig ist, oder einfach zu einem erfüllten Leben. Hierfür ist es letztlich wohl auch nicht erforderlich, außergewöhnliche Fähigkeiten zu erlangen und übers Wasser zu laufen. Tiefes seelisches Erleben bedarf nicht des Spektakulären, sondern vollzieht sich meist im Einfachen und Gewöhnlichen.

Und wenn man tatsächlich der Überzeugung ist, für sich den richtigen Weg gefunden zu haben, ist es wiederum weise, mit Belehrungen anderer äußerst zurückhaltend und vorsichtig umzugehen. Zu groß ist oft die Versuchung, dann wie der Derwisch seinen »Brüdern« die »richtige Weise« beibringen zu wollen.

Fragen zum Nachdenken

- Wie geht es mir, wenn andere mich belehren wollen, mir den »richtigen Weg« weisen wollen?
- Wann bin ich selbst versucht, anderen zu sagen, wo es langgeht, was richtig und was falsch ist?

- Habe ich für mich schon meinen Weg und die zu mir passenden Möglichkeiten herausgefunden, innerlich erfüllt zu leben?

VIELFALT DER PERSÖNLICHKEIT

Immer wieder haben Menschen den Versuch unternommen, sich selbst und andere zu typisieren und dabei auf Grundcharaktere zu reduzieren – meist mit dem Ziel, die menschliche Persönlichkeit besser zu verstehen und beschreiben zu können. Nicht nur Philosophen und Psychologen haben die Geistesgeschichte des Abendlandes mit unzähligen Typisierungsmodellen angereichert, auch die großen Dichter stellten ihre handelnden Personen immer wieder als scheinbar einheitliche Charaktere dar. Vor allem in den Dramen der Theaterwelt tritt jede Figur mit einer ganz bestimmten Grundeigenschaft auf – oder zumindest mit zwei widerstreitenden Grundtendenzen, wie beispielsweise Goethes Faust, wenn er seine berühmten Worte spricht: »Zwei Seelen wohnen, ach, in meiner Brust.« Entsprechend schildert auch Hermann Hesse die Hauptfigur Harry seines Romans *Der Steppenwolf*. In ihm lebt zum einen ein »Mensch«, der sich in einer Welt von Gedanken und Gefühlen, von Kultur sowie von gezähmter und sublimierter Natur äußert, und daneben lebt andererseits auch noch ein »Wolf«, stellvertretend für eine dunkle Welt von Trieben, von Wildheit, Grausamkeit und archaischer roher Natur. Doch trotz dieser Typisierung, die das ganze Buch durchzieht, ist sich Hesse der Begrenztheit und Relativität all solcher Schematisierungen und Reduzierungen des Menschen auf eine oder wenige Grundcharaktereigenschaften bewusst, und stellt dies auch klar:

> *Die Zweiteilung in Wolf und Mensch, in Trieb und Geist, durch welche Harry sich sein Schicksal verständlich zu machen sucht, ist eine sehr grobe Vereinfachung, eine Vergewaltigung des Wirklichen zugunsten einer plausiblen, aber irrigen Erklärung der Widersprüche, welche dieser Mensch in sich vorfindet. (...) – Denn kein einziger Mensch (...) ist so angenehm einfach, dass sein Wesen sich als die Summe von nur zweien oder dreien Hauptelementen erklären ließe; und gar einen so sehr differenzierten Menschen wie Harry mit der naiven Einteilung in Wolf und Mensch zu erklären, ist ein hoffnungslos kindischer Versuch. Harry besteht nicht aus zwei Wesen, sondern aus hundert, aus Tausenden. Sein Leben schwingt (wie jedes Menschen Leben) nicht bloß zwischen zwei Polen, etwa dem Trieb und dem Geist, oder dem Heiligen und dem Wüstling, sondern es schwingt zwischen Tausenden, zwischen unzählbaren Polpaaren. (...) – In Wirklichkeit aber ist kein Ich, auch nicht das naivste, eine Einheit, sondern eine höchst vielfältige Welt, ein kleiner Sternenhimmel, ein Chaos von Formen, von Stufen und Zuständen, von Erbschaften und Möglichkeiten. (...) Als Körper ist jeder Mensch eins, als Seele nie.*

Und das scheint tatsächlich das Dilemma zu sein: Auf der einen Seite können Vereinfachungen, Schematisierungen, Typologisierungen und Modelle helfen, uns selbst und auch andere Menschen besser zu verstehen, und auf der anderen Seite birgt jede Einteilung des Menschen in bestimmte Kategorien und Typen die Gefahr in sich, die Einzigartigkeit des Individuums und die subtile Differenziertheit der menschlichen Persönlichkeit außer Acht zu lassen. – Welche Konsequenzen lassen sich daraus für die Alltagspraxis ableiten?

- Vorsicht mit allen Pauschalisierungen und Reduzierungen eines Menschen auf einen Wesenszug, so plausibel und überzeugend diese auch klingen mögen. Die Psyche und der Charakter einer Person sind wesentlich komplexer, als dass sie sich auf eine oder zwei Grundtendenzen beschränken ließen.

- Vorsicht auch mit allen typisierenden Modellen. Sie können sehr hilfreich sein, um bestimmte Denk- und Verhaltensweisen des Menschen besser verstehen zu lernen. Vor allem können sie dazu beitragen, zu erkennen, wie unterschiedlich wir Menschen sind und dass jeder Typ andere Bedürfnisse, Empfindungen, Reaktionsweisen und Antriebsmotive hat. Sofern man mit neugierigem, respektvollem Interesse und ohne Bewertung an die Sache herangeht, mag so ein Modell durchaus zu einem vertieften Verständnis der eigenen Person und der Mitmenschen beitragen und helfen, besser mit sich und den anderen klarzukommen. Wichtig ist dabei, sich der Relativität jeder Typologisierung bewusst zu werden und zu wissen, dass es jeweils nur eine bestimmte »gefärbte Brille« ist, durch die man etwas anschaut, das sich schon durch die nächste Brille ganz anders präsentieren kann.
- Vorsicht daher auch mit Patentrezepten nach dem Motto: »Wenn Sie das Problem XY haben, brauchen Sie nur Strategie 137 anzuwenden ...« – Es gibt in der Regel keine Patentrezepte. Jeder ist anders »gestrickt«, hat eine andere Grundveranlagung, eine andere Vergangenheit, andere Ziele und so weiter. Was für den einen stimmt, kann für den nächsten schon wieder falsch sein. Daher gilt es auch mit Ratschlägen behutsam umzugehen. Man kann anderen Menschen Möglichkeiten aufzeigen und anbieten. Welche davon wirklich passen, muss jeder für sich selbst herausfinden. Erforderlich ist dabei allerdings die Bereitschaft, zu erspüren: »Was ist wirklich gut und hilfreich für mich? Und was passt nicht zu mir, auch wenn möglicherweise viele andere damit gut zurecht kommen« ... und der Mut, diesem eigenen Gespür auch zu folgen.

Ein hilfreiches Modell (wenn auch wieder nur ein Modell) ist die Vorstellung, dass jeder von uns aus vielfältigen Persönlichkeitsanteilen besteht, die sich einerseits ergänzen, andererseits aber auch widersprechen können. So kann man in sich einerseits den planerischen Strategen sehen, den Disziplinierten, den Kämpfer und Macher und andererseits den sinnlichen Genießer, den Kreativen, den Traurigen, den Fröhlichen, den Faulenzer, den Nörgler und viele weitere. In der Regel findet sich zu jedem Teil auch ein Gegen-Teil, das manchmal viel schwächer ausgeprägt ist, manchmal aber auch gleich stark sein kann. Wenn nun zwei solche sich vordergründig widersprechenden Pole ähnlich stark ausgeprägt sind, kann man wie einst Faust das Gefühl haben, zwei Seelen würden in der eigenen Brust wohnen. Wie lässt sich damit umgehen?

- Sind beide Kräfte etwa gleich stark, ist die Lösung keineswegs, den einen zugunsten des anderen zu unterdrücken, sondern beide in einen Ausgleich zu bringen, das heißt einen Weg zu finden, wie beide Anteile zu ihrem Recht kommen und ihren notwendigen Raum haben können. Nur wenn ich beide Seiten wirklich akzeptiere und leben lasse, kann es zu einer heilsamen Integration kommen.
- Ist dagegen ein Teil dominant und persönlichkeitsprägend, kann es hilfreich sein, Wege und Möglichkeiten zu suchen, auch die andere (kaum gelebte) gegenteilige Seite zu stärken. Denn in der Regel schlummert in jedem auch die Sehnsucht oder das Potenzial des gegenteiligen Aspekts, der bisher nur wenig Gelegenheit hatte, zum Zuge zu kommen. So mag auch ein Perfektionist und Pedant einen Teil in sich haben, der lieber unperfekt und flexibel leben würde. In jedem sicherheitsbedürftigen Menschen mag auch ein Abenteurer schlummern, und auch ein Chaot mag latent die Sehnsucht nach Ordnung haben. Ohne seine Grundveranlagung verurteilen zu müssen,

kann man spielerisch nach kleinen Nischen im Alltag suchen, in denen man sich erlaubt, mit der Gegentendenz zu experimentieren und diese leben zu lassen. Auf diese Weise wird man mit der Zeit eine immer »rundere«, vielfältigere Persönlichkeit.

Fragen zum Nachdenken

- Bei welchen Menschen in meinem Umfeld neige auch ich zu pauschalisierenden und einseitigen Bewertungen?
- Welche Persönlichkeitsmodelle haben mir schon geholfen, mich und andere besser zu verstehen?
- Zwischen welchen »Seelen in meiner Brust« fühle ich mich immer wieder hin- und hergerissen, und wie könnte ich diese besser in einen heilsamen Ausgleich bringen?
- Welche dominanten Grundtendenzen erkenne ich bei mir, und wie könnte ich auch den Gegenseiten dieser Tendenzen mehr Raum geben und sie stärken?

RELATIVITÄT DER DINGE

Etliche Menschen machen immer wieder die Erfahrung, dass Kleinigkeiten sie völlig aus der Fassung bringen können. Manchmal kann man von einem Problem so gänzlich in Beschlag genommen werden, dass man alles andere darüber nahezu vergisst, vielleicht sogar tage- oder wochenlang davon belastet wird, und oft erscheint es einem dann rückblickend, mit einem gewissen zeitlichen Abstand, sogar relativ harmlos, und man fragt sich, wie man dieser Sache eine solche Bedeutung einräumen konnte. Wer dagegen schon im Augenblick, da die Schwierigkeit auftaucht, die Fähigkeit hat, diese zu relativieren, kann in der Regel wesentlich souveräner damit umgehen. Dabei soll der Relativierungsprozess keineswegs dazu dienen, ein tatsächliches Problem verharmlosend außer Acht zu lassen und die Augen davor zu verschließen, sondern vielmehr eine Haltung innerer Gelassenheit einzunehmen, die einen befähigt, gelöster und mit klarerem Gemüt die betreffende Angelegenheit anzugehen. Diese Fähigkeit zur Relativierung ist manchen Menschen möglicherweise als natürliche Veranlagung mit ins Leben gegeben, andere können sie durch spontane Reflexion mit Fragen wie den folgenden bewusst aktivieren: Welche Bedeutung wird diese Angelegenheit in einem Monat, in einem Jahr oder in zehn Jahren noch für mich haben? Oder bezogen auf das gesamte Leben! Uralte Weisheiten der Welt gehen noch in eine viel umfassendere Dimension, indem sie die Frage nach der Bedeutung des ganzen, von uns selbst so wichtig genommenen Lebens ins Verhältnis zur Geschichte der Welt stellen. So lautet beispielsweise eine alte Indianerweisheit:

Was ist des Menschen Leben?
Der Hauch eines Büffels im Winter,
das Aufleuchten eines Glühwurms in der Nacht,
der kleine Schatten, der im Abenddämmer über das Gras huscht.

Eine Weisheit, die sich ebenso in den Quellen unserer abendländischen Kultur findet. So formuliert König David im Alten Testament: »*Denn tausend Jahre sind vor dir wie ein Tag, der gestern vergangen ist. (...) Ein Mensch ist in seinem Leben wie Gras, er blüht wie eine Blume auf dem Felde; wenn der Wind darüber geht, so ist sie nimmer da ...*« (Psalm 90, 4 und 103, 15/16) Wozu kann diese Sichtweise dienen? Natürlich besteht die Gefahr, von einem Gefühl der Bedeutungslosigkeit des eigenen Daseins erfasst zu werden und sich zu fragen, was hat denn dann überhaupt noch Sinn? Genauso gut kann einem diese Betrachtungsweise aber auch helfen, einerseits auftauchende Schwierigkeiten nicht als allzu tragisch einzuschätzen und andererseits auch sich selbst nicht ganz so wichtig zu nehmen. Ja, es kann sogar sein, dass man durch diese Betrachtung ein Quantum an weise lächelndem Humor entwickelt, der einem hilft, mit mehr Leichtigkeit und Gelöstheit die Anforderungen des Alltags anzugehen – nicht um sie gering zu schätzen, sondern um sich von ihnen nicht überwältigen zu lassen. Im Gegenteil, mit dieser Grundhaltung könnte man sogar noch bewusster und intensiver am »Spiel des Lebens« teilnehmen. So paradox es womöglich erscheinen mag: Der innere Abstand zu den uns negativ emotionalisierenden Geschehnissen und zu uns selbst kann uns befähigen, mit noch mehr Engagement und Intensität in die Gegenwart einzutauchen. Dann geht es nicht mehr in erster Linie um das, *was* ich alles an »Bedeutendem« in meinem Leben erreiche (das

Aufleuchten eines Glühwurms in der Nacht), sondern um die Haltung, *wie* ich etwas verrichte. Dann kann das eigene Leben gerade auch in kleinen und vermeintlich »unbedeutenden« Dingen seinen Sinn finden, zum Beispiel darin, irgendetwas zu ordnen, jemanden anzulächeln oder einen Tag bewusst zu genießen, ja das ganze Leben so intensiv und hingebungsvoll wie möglich zu leben ... trotzdem – oder gerade weil – es einst verweht wie ein Grashalm im Wind. Menschen, die etwas von dieser relativierenden Gelöstheit haben, wirken meist sehr präsent und achtsam in allem, was sie tun, und häufig strahlen sie eine fast heitere Gelassenheit aus – eine Qualität, die in unserer zweck- und ergebnisorientierten Zeit ausgesprochen wertvoll ist.

Fragen zum Nachdenken

- Was hilft mir persönlich, die vermeintliche Tragik augenblicklicher Probleme zu relativieren?
- In welcher Hinsicht kann auch mir das Bewusstsein der Relativität aller Dinge, ja sogar meines Lebens, ein wenig Gelöstheit, ja sogar heitere Gelassenheit vermitteln?
- Was hilft mir, präsenter zu leben und auch »kleine Dinge« des Alltags mit Bewusstsein und Hingabe anzugehen?

SICH VERGLEICHEN

»Spieglein, Spieglein an der Wand, wer ist die Schönste im ganzen Land?«, spricht die böse Königin in Grimms Märchen *Schneewittchen*. Wer ist der Schnellste, der Größte, der Reichste, der Erfolgreichste? Unsere ganze westliche Kultur ist darauf ausgerichtet, sich im Wettbewerb zu messen und zu vergleichen. Schon im Kindergarten, dann in der Schule und später im Berufsalltag, genauso wie im Privatleben: Wir vergleichen uns ständig – manchmal bewusst, meist aber unbewusst – mit anderen Menschen um uns herum oder mit den unzähligen Idealen, die uns von den Medien und vor allem von der Werbung suggeriert werden. Das mag in manchen Fällen als anspornende Kraft ganz gut sein, in den meisten Fällen hat es verhängnisvolle Folgen: Da es nahezu unmöglich ist, mit all diesen Idealen standzuhalten, entstehen schnell Gefühle von Neid und Frustration, ja nicht selten kann das eigene Selbstbewusstsein davon zermürbt werden. Sich zu vergleichen ist für viele ein schneller Weg zu innerer Unzufriedenheit und bei manchen sogar zur Resignation.

Es geschah einmal, dass aus der Erde eine kleine Pflanze emporwuchs. Sie freute sich so über das Licht und die Luft, dass sie sich mit allen Kräften entfaltete und größer und größer wurde. Ja, bald konnte man sehen, wie ein kleiner Baum dastand, mit zarten Zweigen und Blättern, in einem wunderschönen Grün.

Eines Tages ließ das Bäumchen seine Blätter traurig hängen, und auch die kleinen Äste neigten sich zur Erde.

Ein Vogel, der in dieser Gegend gerne in den Zweigen der Bäume sang, merkte das, flog auf einen der Äste und fragte den jungen Baum, was geschehen sei.

»Ach«, klagte er. »Ich will nicht mehr weiter wachsen. Wenn ich alle die schönen, großen, starken Bäume um mich sehe, wie sie ihre mächtigen Zweige gegen den blauen Himmel recken, dann denke ich: ›Das schaffst du nie!‹«

Der Vogel wiegte sich eine Weile auf dem biegsamen Ast, während er nachdachte.

Dann sagte er: »Hab' Geduld. Jeden Tag bekommst du so viel Sonne, Regen und Wind, wie du gerade brauchst. Nimm das und glaube mir, alles andere wird sich von selbst finden.«

Dieses lähmende Gefühl »Das schaffst du nie ...«, »Alle anderen sind besser« gehört zu den größten Motivationskillern im Leben, bei Kindern wie bei Erwachsenen. Da ist einer im heimatlichen Sportverein einer der Besten, dann steigt er auf in die Regionalliga, und plötzlich kann er kaum noch mithalten, alle um ihn herum scheinen ihm überlegen zu sein. Wenn es nicht gelingt, dies innerlich zu verarbeiten, möglicherweise als gesunden Ansporn zu nehmen, kann es sein, dass in Kürze schon der geliebte Sport keinen Spaß mehr macht und er im schlimmsten Falle alles hinschmeißt. – Ein leidliches Tänzerpaar zieht auf einem Ball die Aufmerksamkeit des Publikums auf sich und genießt sein Können, zu späterer Stunde taucht eine Riege Tanzprofis auf, und schon kann bei dem Paar das Gefühl entstehen, »nichts mehr zu können«, und sie stellen für den Abend frustriert ihr geliebtes Hobby ein. – Und ein an sich recht wohlhabender Mensch kann sich auf einer Party von sehr reichen Leuten wie ein »armer Schlucker« vorkommen. Verrückt: Tatsächlich hat sich gar nichts geändert, nur der innere Vorgang des Vergleichens ist in der Lage, Laune und Selbstwertgefühl ins Wanken zu bringen. Und in den meisten Fällen ist man sich dessen auch gar nicht bewusst.

Wie kann man diesem verhängnisvollen Vorgang entkommen? Zunächst ist leider festzustellen, dass es sich um einen Automatismus handelt, der sich nicht abstellen oder verhindern lässt. Doch man kann lernen, mit der Zeit damit anders umzugehen und seine psychologisch negativen Wirkungen zu entschärfen oder gar aufzulösen.

- Der erste Schritt ist, sich überhaupt bewusst zu werden, dass man dabei ist, sich zu vergleichen, und (vielleicht sogar mit neugierigem Interesse) festzustellen, dass allein dieser Vorgang es ist, der einem subjektiv ein schlechtes Gefühl vermittelt, für das es tatsächlich keinerlei Grund gibt. Wenn es allein gelingt, dies wahrzunehmen, ist man schon mit einem Schritt der Vergleichsfalle entkommen.
- Außerdem kann es helfen, sich bewusst zu machen, dass es immer und überall Menschen geben wird, die entweder fachlich kompetenter, reicher, schöner, jünger, schneller oder sonst wie erfolgreicher sind. Darauf kommt es aber nicht an, denn es geht nur um einen selbst: Im Rahmen der eigenen Fähigkeiten und Möglichkeiten sein Bestes zu geben, ohne sich dabei zu überfordern. Gegebenenfalls kann es auch sinnvoll sein, die innere »Latte« einfach etwas niedriger anzulegen, wenn man sich auf einem »höheren« Niveau (noch) überfordert fühlt.
- Manchmal kann auch ein Blick nach »unten« heilsame Wirkung haben, indem man (ohne Überheblichkeit) feststellt, wie viele es auch gibt, die weniger haben, weniger können, weniger erfolgreich sind und so weiter. Meist sind dies nämlich viel, viel mehr als all diejenigen, die man für »besser« hält.

Nicht, um auf diese Menschen herabzublicken, sondern um dankbarer und zufriedener zu sein mit dem, was man selbst (erreicht) hat.

Auf diese Weise kann es gelingen, der destruktiven Vergleichsfalle zu entkommen und dennoch mit Geduld weiterzuwachsen, wie es der Vogel dem kleinen Baum geraten hat. Alles andere wird sich tatsächlich meist von selbst finden!

Fragen zum Nachdenken

- In welchen Situationen neige ich dazu, mich zu vergleichen, und wann habe ich dabei schon gemerkt, wie dies mein Selbstbewusstsein und meine Selbstzufriedenheit trüben kann?
- In welchen Fällen hat dagegen das Vergleichen für mich eher positiv antreibende Wirkung, im Sinne von: »OK, das kann ich zwar noch nicht, aber eines Tages werde ich das auch erreichen!«?
- Wo könnte ich in meinem Leben die Messlatte niedriger anlegen und den eigenen Anspruch an mich selbst etwas abmildern, um zufriedener zu werden?

HEILSAMER ABSTAND

Entfernung und Trennung können schmerzhaft sein, wenn es sich um einen geliebten Menschen oder einen schönen Ort handelt, dem man sehr verbunden ist. Doch genauso können Distanz und Abstand eine heilende oder gar problemlösende Funktion haben, wenn es sich um Schwierigkeiten oder negative Emotionen aller Art dreht. Ja, manchmal kann Entfernung sogar zu lebensrettenden Erkenntnissen führen, wie in der Geschichte von Klara und dem Zaun:

> *Es war einmal ein Huhn, Klara genannt, das lief aufgeregt gackernd am Zaun entlang, denn es wollte zu dem Futter, das auf der anderen Seite lag. Klara war schon dem Verhungern nahe, und so versuchte sie alles Mögliche: Sie probierte über den Zaun zu fliegen, doch er war zu hoch. Sie suchte eine Lücke, doch es gab keine. Sie stieß mit aller Kraft gegen den Zaun, doch er gab nicht nach. So rannte sie in immer größerer Panik hin und her, bis sie tot umfiel. – Das Einzige, was sie nicht getan hatte, war, sich ein paar Meter vom Futter und dem Zaun zu entfernen. Denn dann hätte sie entdecken können, dass der Zaun nach 10 Metern Breite aufhörte …*

Distanz zu den Dingen, insbesondere in Angelegenheiten, die einen negativ bewegen, kann eines der besten Selbststeuerungsinstrumente sein, die ein Mensch in seinem strategischen Repertoire entwickeln kann. Wie oft sind wir, wie Klara das Huhn, so tief in ein Problem verstrickt und emotional involviert, dass wir die einfachsten und manchmal sogar nächstliegenden Lösungen nicht finden können. Erst mit etwas Abstand gewinnen wir wieder einen klaren Kopf, und damit den Überblick und Durchblick, um die geeignete Lösung zu entdecken. Nicht umsonst sagt der Volksmund: »Wir müssen uns von den Dingen lösen, um zu Lösungen zu finden.«

Diesen heilsamen Abstand kann man räumlich, zeitlich oder auch nur mental erreichen:

- Manchmal kann es helfen, in einer schwierigen Lebenssituation, die einen emotional sehr ergreift, einfach wegzufahren, an einen anderen Ort, an dem man mit etwas Distanz wieder innerlich zur Ruhe kommt. Durch die neue Umgebung kommen oft neue Impulse und Erkenntnisse, die Emotionen können sich beruhigen, und auch wenn das zurückgelassene Problem noch das gleiche ist, kann man dann souveräner damit umgehen. – Dass räumlicher Abstand sinnvoll und inspirierend wirkt, mag einer der Gründe sein, warum viele Firmen mit ihren Mitarbeitern regelmäßig Visions- oder Teamtage in einem Hotel an einem anderen als dem Firmenort, bestmöglich in schöner Umgebung veranstalten, weil dadurch die Distanz zur Alltagsumgebung wie ein Katalysator wirken kann. – Doch auch im Kleinen lässt sich dies einsetzen: Wenn ich beispielsweise im Büro am Schreibtisch sitzend per Telefon eine äußerst ärgerliche Nachricht erhalte, dann kann es schon helfen, wenn ich nur aufstehe, mich einige Meter von meinem Arbeitsplatz entferne und mir die ganze Szene noch einmal von außen anschaue, wie in einem Film. Durch diese Technik innerer Distanzierung werde ich etwas aus meinen negativen Emotionen herausgerissen, und ich kann anschließend mit klarerem Kopf reagieren. Natürlich mag ein kurzer

Spaziergang an der frischen Luft von noch stärkerer Wirkung sein. – Gestatten Sie sich also bisweilen einfach, »einen Schritt zurückzutreten«!

- In zeitlicher Hinsicht gilt nicht nur das alte Sprichwort, dass die Zeit Wunden heilt, sondern auch die Weisheit, eine Sache erst einmal zu »überschlafen«, bevor man eine Entscheidung trifft. So manches sieht am nächsten Morgen »halb so wild« aus, viele Emotionen lösen sich im Schlaf auf, und spätestens nach ein paar Tagen ist der »Dampf raus«, manchmal wundert man sich sogar, warum man sich über diese Sache überhaupt so aufregen konnte – je nach Intensität des Ereignisses kann dies nach Tagen, Wochen, Monaten oder auch erst nach Jahren eintreten. (Mehr zu diesem Aspekt finden Sie im Kapitel »Relativität der Dinge«, S. 131.) Doch fast immer hat die zeitliche Distanz eine heilende Wirkung. Können Sie sich noch an Ihren ersten Liebeskummer erinnern? Schien damals nicht die Welt unterzugehen? Und heute lächeln Sie wahrscheinlich weise darüber.
- Innerer Abstand lässt sich allerdings auch rein mental gewinnen – und zwar wiederum sowohl in räumlicher als auch in zeitlicher Hinsicht. Sie können beispielsweise für ein paar Minuten die Augen schließen und das Erlebte (wie oben schon dargestellt) von außen, wie auf einem Bildschirm Revue passieren lassen. Wichtig ist, dass Sie sich dabei mit etwas Abstand betrachten können, ohne im Geschehen selbst als Akteur zu handeln. Man nennt das die Technik innerer Dissoziation, weil Sie sich gewissermaßen von Ihren Emotionen trennen. Es ist sehr schwer, als dissoziierter Beobachter (sei es auch nur mit gedachtem Abstand) gleichzeitig die Emotionen des Erlebnisses nachzuempfinden. So erlangen Sie innerlich eine heilsame neutrale Distanz und können mit dem Ereignis klarer umgehen. – Noch stärker kann es wirken, gedanklich in die Zukunft zu reisen und sich kurz zu fragen: Welche

Bedeutung wird dieses Geschehen, das Sie im Augenblick so aufwühlt, in einem Jahr noch haben? Wie werden Sie wohl dann darüber denken? Oder, wenn das nicht genügt, in zehn Jahren? Aber in vielen Fällen reicht schon ein kurzer Sprung in die Zukunft von nur einem Monat oder gar einer Woche. So können Sie die zeitliche Distanz auch rein mental erreichen – alles nur, um sich in der Gegenwart aus dem Griff der Emotionen zu befreien und dadurch besser und mit klarerem Kopf handeln zu können.

Auch bei persönlichen Konflikten kann etwas Abstand hilfreich sein, um die Angelegenheit zu bereinigen. Nicht umsonst lässt sich sprachspielerisch sagen: »Um sich richtig mit jemandem auseinanderzusetzen, ist es notwendig, sich vorher auseinander zu setzen.« – Allerdings gilt all dies in erster Linie für Problemsituationen, in denen Distanz förderlich ist, nicht aber in Augenblicken, in denen Sie intensiv und mit allen Sinnen etwas erleben wollen, besonders, wenn es um zwischenmenschliche Nähe und Begegnung mit einem Menschen geht. Sie sind für den anderen nicht mehr spürbar, wenn Sie mental »woanders« sind – ein häufiges Problem in Beziehungen. Dissoziation bei intimen Begegnungen bringt Sie und den Partner um die mögliche Intensität des Erlebens. Daher gilt, wie bei so vielen Dingen, bewusst zu erkennen, wann Distanz heilsam sein kann und wann dagegen Nähe und Präsenz mit allen Sinnen angesagt ist. Sicherlich nicht immer eine leichte Aufgabe.

Fragen zum Nachdenken

- Wann habe ich schon erlebt, wie hilfreich räumlicher oder zeitlicher Abstand bei Problemen, Krisen oder negativen Ereignissen sein kann?

- Welche Möglichkeiten könnte ich nutzen, ab und an zu meinem Alltag auf Distanz zu gehen, um neue innere Perspektiven zu gewinnen?
- Wann habe ich schon erlebt, dass innere Distanz das Erleben des Augenblicks oder die intensive Begegnung mit einem Menschen behindert? Was hilft mir dagegen, mit allen Sinnen präsenter zu sein?

MASSHALTEN, INNEHALTEN

Für viele Generationen unserer Vorfahren, aber auch heute noch für etliche Menschen zählen Disziplin, verzichten können und Härte sich selbst gegenüber zu den Grundtugenden und den maßgeblichen Voraussetzungen für Erfolg im Leben. Zweifelsohne: Wer nicht in der Lage ist, für eine gewisse Zeit auf Annehmlichkeiten und Genuss zu verzichten, um ein bestimmtes Ziel zu erreichen, wer nicht gelernt hat, auf dem Weg zum Erfolg auch Entbehrungen auf sich zu nehmen, wird sein Ziel kaum erreichen. Im Sport wie im Berufsleben sind Spitzenleistungen ohne Disziplin, Durchhaltevermögen und bisweilen harte Arbeit an sich selbst in den seltensten Fällen möglich. Die Frage ist allerdings, ob man in der Lage ist, diese Haltung als *zeitlich limitiertes Selbststeuerungsinstrument* vorübergehend einzusetzen, gewissermaßen als ein nützliches Tool im persönlichen Werkzeugkasten, oder ob sie mehr und mehr zu einer permanenten Grundeinstellung wird, mit der man sein ganzes Leben steuert. Nicht wenige Menschen erheben Disziplin und Gnadenlosigkeit sich selbst gegenüber sogar zur Lebensmaxime und versuchen diese immer rigoroser an sich (und oft auch an anderen) zu perfektionieren, ähnlich dem Mullah mit seinem Esel in der folgenden Parabel:

Ein Mullah hatte sich einen Esel gekauft und dazu die Information erhalten, wie viel Futter der Esel täglich zum Fressen benötigte.

Das schien dem Mullah aber zu viel, zumal das Futter teuer war.

Er wollte, so entschied er, den Esel an weniger Futter gewöhnen und verringerte darum täglich die Futtermenge.

So ging es einige Wochen, in denen der Esel immer weniger zu fressen bekam und der Mullah sich über seine grandiose Idee freute, bis er den Esel eines Morgens tot im Stall vorfand.

»Schade«, sagte da der Mullah. »Ich hätte nur noch ein paar Tage zusätzlich gebraucht, um ihn daran zu gewöhnen, von gar nichts zu leben.«

Kennen Sie das auch? Was ist unser Esel? Vielleicht unser Seelenleben oder unsere Beziehungen, die mit immer weniger Futter auskommen müssen, manchmal ist es auch der eigene Körper und die Gesundheit. Weniger Pausen, weniger Schlaf, weniger Zeit für Partner und Familie und vor allem weniger Zeit für sich selbst und für Erholung, all dies führt zum Verlust der Lebensbalance. In manchen Seminaren zu diesem Thema lasse ich die Teilnehmer zwei Kreise auf ein Blatt zeichnen: der eine soll den wöchentlichen Zeiteinsatz für den Beruf, der andere für die Familie und die sozialen Kontakte darstellen. In der Regel ist der erste viel größer als der zweite. Doch dann bitte ich die Teilnehmer, noch einen dritten Kreis anzufügen: die Zeit, die sie ganz für sich selbst haben, frei von irgendeinem Anspruch Dritter. Dieser fällt bei den meisten erschreckend klein aus. Manche schauen sogar erstaunt: Zeit für mich selbst? Letztlich ist dies aber das eigentliche Futter, das unser Esel braucht. Hier können wir auftanken, um dann für unseren Beruf und für andere da zu sein. Wenn wir an diesem Futter sparen, kann es sein, dass wir innerlich immer mehr verhungern und damit auch außen nichts Richtiges mehr bewirken können.

Eine ganze Zeit lang kann es sein, dass man das gar nicht

merkt. Gas geben, powern, Nachtarbeit und Wochenenden im Büro, immer auf der Überholspur – doch wenn man nicht rechtzeitig einen Boxenstopp einlegt, kann man leicht enden wie der Esel. Es gilt zu wissen, wann es genug ist, wann man (wenn auch nur vorübergehend) aufhören muss. So mancher Workaholic ist erst durch einen Burn-out, einen Herzinfarkt oder eine sonstige schwere Krankheit aufgewacht. Für Workaholics und Alkoholiker gilt dieselbe Devise: Wenn sie nicht wissen, wann sie aufhören müssen, kann es bitter enden, so humorvoll das auch in dem folgenden Witz klingen mag:

Drei Freunde ziehen von Kneipe zu Kneipe und trinken dabei kräftig.

Am Ende bleiben sie in einer Bar hängen und gießen nochmals reichlich nach.

Schließlich kippt der eine wie in Zeitlupe vom Barhocker und bleibt regungslos auf dem Boden liegen.

Einer der beiden auf dem Hocker sagt zum anderen: »Eins muss man dem Karl lassen. Der weiß, wann er aufhören muss.«

Falls auch Sie zu viel arbeiten: Hören Sie rechtzeitig auf, gönnen Sie sich immer wieder Pausen und Zeit für sich selbst, das lebensnotwendige Futter für Ihre Seele.

Fragen zum Nachdenken

- In welchen Situationen brauche ich Disziplin und Verzicht als sinnvolle Instrumente zur Zielerreichung?
- Wo neige ich dazu, mir selbst gegenüber zu hart zu sein und mir keine Auszeiten zu gönnen?
- Weiß ich, wann es gilt, aufzuhören und einen Boxenstopp ein-

zulegen? Welches Futter könnte ich mir häufiger gönnen, um seelisch aufzutanken?

ARBEITSFREUDE UND MUSSE

Wie viel Arbeit ist lebens-notwendig? Was bringt es, sich mehr anzustrengen? Sind größere Effizienz und Rationalisierung immer erstrebenswert? Wann bleibt die Freude an der Arbeit auf der Strecke, und kann sie durch mehr Verdienst kompensiert werden?

Fragen, die sich in der heutigen Zeit immer häufiger aufdrängen und um die es auch in den folgenden beiden Geschichten geht, mit verblüffenden Antworten allerdings.

Ein Kaufmann aus Mexiko-Stadt wollte Freunde auf einer Hazienda besuchen. Es war eine etwas mühsame Reise, die Straße erwies sich als schlecht, teils durch ein kurz vorhergegangenes Unwetter abgeschwemmt, teils steil an Abgründen emporführend. Nur mit größter Aufmerksamkeit ließ sich ein Unfall vermeiden. Erschöpft kam unser Kaufmann endlich im Hochland an den Rand eines kleinen Dorfes und nahm sich vor, hier Rast zu machen. Ein Indio saß da vor seiner Hütte und war mit dem Flechten eines Korbes beschäftigt. Er arbeitete mit viel Geschick und verstand es obendrein auch noch, sein Produkt mit mehrfarbigen und feinen Mustern zu versehen.

Dem Kaufmann gefiel der Korb und er fragte nach dem Preis.

»50 Pesos, Señor«, antwortete der Mann. Das war bil-

lig, und schon regte sich der Geschäftssinn unseres Kaufmanns. Er rechnete sich aus, dass er mit solchen Körben bei den Touristen in der Hauptstadt beachtlichen Gewinn erzielen könnte.

»Und was würden zwanzig Körbe kosten?«, fragte er den Korbflechter.

»100 Pesos das Stück, Señor«, war die Antwort.

»Aber wenn ich dir so viele abnehme, müsstest du doch billiger sein.«

»O nein, Señor, einen Korb machen – das ist Freude, Vergnügen, aber zwanzig Körbe machen – keine Freude, viel, viel Arbeit.«

Noch einen Schritt weiter scheint die Arbeitshaltung des indischen Teppichknüpfers Rama Tschandra in der folgenden Geschichte zu gehen, die als Vorlage für Heinrich Bölls bekannte *Anekdote von der Senkung der Arbeitsmoral* gedient haben könnte:

Rama Tschandra lag im Schatten vor seiner ärmlichen Hütte und hielt seinen Mittagsschlaf, als sich Besuch einstellte. Der Gast war ein wohlhabender Kaufmann aus der nächsten Stadt. Er wollte für seine Tochter, die er bald verheiraten würde, einen Teppich bestellen. Rama Tschandra war bekannt für die auserlesenen Teppiche, die er knüpfte, aber auch bekannt dafür, dass man sehr lange warten musste, wenn man bei ihm etwas in Auftrag gab.

»Rama Tschandra, wach auf, du verschläfst ja dein halbes Leben«, rief der Kaufmann. »In zwei Stunden wird die Sonne untergehen und du hast heute Nachmittag noch keinen Knoten geknüpft.«

Rama Tschandra öffnete etwas widerwillig seine Augen und gähnte.

»Hab heute früh schon geknüpft«, sagte er.

Es entwickelte sich ein Dialog:

»Aber Rama Tschandra, du kannst doch heute Nachmittag auch knüpfen und verdienst dann mehr Geld?«

»Was fang ich an mit dem Geld?«

»Nun, du kannst einen oder zwei Arbeiter oder Arbeiterinnen einstellen, die dir helfen, dann kannst du noch mehr Teppiche verkaufen.« »Und was soll ich dann, wenn ich mehr verkaufe?«

»Du könntest eine Werkstatt bauen, mehr Webstühle aufstellen, zehn, ja zwanzig Leute beschäftigen, könntest ein Haus bauen, viel Miete einnehmen, würdest reich ...«

»Und was nützt mir der Reichtum?«

»Du könntest deiner Frau schöne Kleider kaufen, gut essen, Reisen machen, brauchst nicht mehr so viel zu arbeiten, könntest in Ruhe im Schatten liegen ...«

»Aber das tu ich ja sowieso!«

Rama Tschandra sprach's, gähnte noch einmal, drehte sich auf die andere Seite und schlief weiter.

Zwei Einstellungen, die dem üblichen Leistungs- und Wachstumsdenken diametral entgegengesetzt sind: Statt dem üblichen »Je mehr, desto günstiger« (»Im Dutzend billiger«) und »Je mehr, desto glücklicher« verkünden sie ein klares »Weniger ist mehr«, allerdings nicht quantitativ mehr, sondern qualitativ, im Sinne von Lebensqualität und Arbeitsfreude.

Doch wie soll oder kann man diese Botschaften, wenn sie einen innerlich berühren, ja, wenn man einen Funken Sehnsucht danach verspürt, überhaupt in unseren Alltag transportieren? Wohl kaum eins zu eins. Diese Haltung ist ein Luxus (ja, wahrlich ein Luxus, so paradox es klingen mag), den sich in unserem westlichen Kultur- und Lebensbereich aufgrund der hohen Lebenshaltungskosten praktisch niemand mehr leisten kann. Anders sieht es vielleicht noch in den Ursprungsländern dieser Geschichten aus: in Mittelamerika oder Indien, Ländern also, in denen die Lebenshaltungskosten gering sind und ein niedriges Einkommen die Versorgung mit dem Notwendigen sichert. Freilich: Mehr als dieses Notwendige können die Menschen in diesen Ländern oft auch durch Mehrarbeit nicht erreichen, die Aufstiegs- und Bildungschancen sind gering, den Wohlstand teilen sich dort wenige Menschen. Dennoch: In unseren eigenen Alltag können wir diese Weisheit vielleicht in abgewandelter Form integrieren, denn es erscheint wichtiger denn je, sich dem Sog des »Mehr« zu entziehen. Voraussetzung dafür ist prinzipiell:

- Zu wissen, was man wirklich will, was einem wirklich wichtig ist.
- Nein sagen zu können.
- Und es sich leisten zu können (indem man zum Beispiel geringere Ansprüche an Luxus und Wohlstand stellt). Hier stellt sich dann die maßgebliche Frage, was für ein gutes und menschenwürdiges Leben wirklich notwendig erscheint.

Was ist es mir wert, »im Schatten zu liegen«, und welchen Preis muss ich zahlen, wenn ich erst mit fünfzig oder sechzig Jahren Zeit dafür finde? (Mehr zu diesem Aspekt finden Sie im Kapitel »Selbstbetrug«, S. 65.) Wann auch immer Sie sich Zeit nehmen, über Ihr Leben und Ihre Arbeit nachzudenken, mag es sich lohnen, die Vertreter dieser Botschaften als Berater an Ihren »inneren Konferenztisch« mit einzuladen!

Fragen zum Nachdenken

- Was macht die Freude an meiner Arbeit aus, und ab welchem Umfang hört sie auf, Freude zu machen?

- Was brauche ich wirklich zum Leben, und wie sehr reibe ich mich für letztlich nicht wirklich erfüllenden Luxus auf?
- Habe ich genug Zeit, um »in Ruhe im Schatten zu liegen«? Was müsste ich im Rahmen des Möglichen verändern, um wieder mehr Zeit für Muße zu haben?

RETURN ON INVESTMENT

In wie viele Dinge im Leben haben Sie schon Zeit, Geld und Energie investiert und dann das Gefühl gehabt, es war umsonst, weil Sie nicht das gewünschte Ergebnis erzielt haben? Erst viel später konnten Sie dann vielleicht doch noch die Früchte ernten – und manchmal, ohne bewusst zu erkennen, dass diese den späten *return* für eine frühere (vielleicht schon vergessene) Investition darstellten. Anders, nämlich bewusst, erfolgt der *return* auf jahrelange Investition in der folgenden Geschichte vom chinesischen Tuschezeichner:

Ein chinesischer Kaiser hörte von einem großen Künstler, der sich auf Tuschezeichnungen verstand.

Er ließ ihn vor seinem Thron erscheinen und sagte zu ihm: »Zeichne mir einen Hahn, denn ich mag Hähne.«

Der Künstler versprach es.

Nach drei Jahren erinnerte sich der Kaiser an den Künstler und fragte nach dem Hahn, aber niemand wusste etwas darüber.

Da stand der Kaiser von seinem Thron auf, und mit allen Bediensteten um ihn herum suchte er den Künstler auf. Er wollte ihn zur Rechenschaft ziehen.

»Wo ist die Tuschezeichnung, die ich in Auftrag gab? Einen Hahn solltest du mir zeichnen, denn ich mag Hähne.«

Der Künstler nahm ein großes Blatt und zeichnete in wenigen Augenblicken einen wunderschönen Hahn.

Der Kaiser war zufrieden. Über den Preis allerdings war er erschrocken.

»In wenigen Augenblicken zeichnest du mühelos einen Hahn und willst so viel Geld haben?«

Da nahm ihn der Künstler mit und führte ihn durch sein Haus. In allen Räumen lagen große Papierstapel mit Zeichnungen und auf allen Blättern Hähne.

»Siehst du«, sagte der Künstler. »Der Preis ist gerecht. Was dir so mühelos und einfach erscheint, das hat mich viel gekostet. Über drei Jahre habe ich gebraucht, um dir in wenigen Augenblicken diesen Hahn zu zeichnen.«

Waren all die Tuschezeichnungen der vorherigen drei Jahre umsonst? Natürlich nicht, so wie die Geschichte es schildert. Doch wenn man den Künstler in diesen drei Jahren beobachtet hätte, wäre es für so manchen naheliegend gewesen, all sein Tun als vergebliche Mühe abzutun. Für unsere westliche Mentalität ist es meist sehr schwer, den Sinn und den Wert eines Einsatzes zu erkennen, der keinen *instant return on investment* bringt. Zu sehr denken wir in Kategorien von »Wenn ich das und das tue, werde ich das und das erreichen«. Dabei übersieht man leicht, dass wir ständig dabei sind, unbewusst und manchmal auch bewusst »Hähne zu zeichnen«.

Besonders offensichtlich ist diese langfristige Investition im Fall eines Konzertpianisten, der nach jahrelanger Übung hohe Gagen für sein künstlerisches Können erzielt, oder bei einem Spitzensportler, der nur infolge harten Trainings seine Siege erringt. Auch im Verkaufsbusiness ist klar, dass den hohen Provisionen, die bei einem Geschäftsabschluss verlangt werden, viele vergebliche Anläufe gegenüberstehen. Ebenso mögen sich teure Beraterhonorare durch jahrelange Ausbildung und Aneignung von Spezialisten-Know-how rechtfertigen lassen, und so weiter. Hier lautet die naheliegende logische Botschaft: Die Investitionen lohnen sich, der kausal zurechenbare *return* wird sich später einstellen. Also: weiter üben und dranbleiben!

Viel schwerer tun wir uns allerdings, den *return* auf vermeintliche Fehlinvestitionen zu erkennen und zu würdigen. Und doch erfolgt auch dieser in fast allen Fällen, wenn auch in einer anderen Währung als zunächst erwartet. Wer beispielsweise nach vier Jahren sein Studium abbricht, mag dieses Fachwissen vielleicht nicht unmittelbar in seinem späteren Beruf nutzen können, doch hat er während dieser Zeit gelernt, wissenschaftlich zu arbeiten, im Fall eines Jurastudiums außerdem logisch zu argumentieren und strukturiert zu denken, und in jedem Fall hat er seinen Horizont erweitert. All dies kann (wenn auch nicht offensichtlich) seiner Arbeit zugute kommen, mag diese auch ganz anderer Art sein. Selbst berufliche Misserfolge können in diesem Sinne eine positive Rendite mit sich bringen: Nicht nur, dass man aus den Fehlern lernen kann, auch der persönliche Verarbeitungsprozess, mit einer Niederlage fertig zu werden und sich wieder aufzuraffen, etwas Neues zu wagen, stärkt die eigene Standfestigkeit im Leben. (Mehr zu diesem Aspekt finden Sie im Kapitel »Misserfolg«, S. 13.) Genauso mögen all die Jahre, die man in eine gescheiterte Beziehung investiert hat, nicht umsonst gewesen sein: Der innere Reifungs- und Klärungsprozess kann die Basis für eine spätere, gut funktionierende Partnerschaft schaffen. Entscheidend ist die Fähigkeit, diese Investitionen nicht innerlich abzuschreiben, sondern zu wissen, dass der *return* in anderer Weise eintreten wird, mag man ihn im Augenblick auch noch nicht klar erkennen.

Wer es schafft, mit der Haltung »Nichts ist umsonst« durchs Leben zu gehen, für den ist auch nichts vergeblich. Und allein das ist schon Teil der Rendite. Wir zeichnen alle immer wieder »Hähne«, das ganze Leben könnte man als Übung betrachten, und ab und zu gelingt uns dann auch ein wunderschönes Bild: durch eine richtige Reaktion, durch eine exzellente Arbeit oder auch nur durch einen authentischen, menschlichen Auftritt.

Vielleicht können wir so mit der Zeit furchtloser ins Leben investieren, weil wir wissen: Der *return* bleibt nicht aus.

Fragen zum Nachdenken

- In welchen Bereichen habe ich schon die erkennbare Rendite für jahrelange Übung erzielt?
- Welche anfangs vergeblich erscheinenden Investitionen haben sich später doch noch amortisiert?
- Mit welchen Fehlinvestitionen hadere ich immer noch? Was könnte hierbei doch ein verdeckter Nutzen für meinen Beruf oder meine Persönlichkeit sein? Was habe ich dadurch gelernt?

SCHICKSALSSCHLÄGE

Immer wieder begegnen uns – in Biografien wie im realen Leben – Menschen, die gerade durch ein erlittenes schweres Schicksal eine besondere Stärke entwickelt haben, in manchen Fällen sogar die entscheidende Kraft für ihr weiteres Leben. Ähnlich wie in der marokkanischen Geschichte von der Steinpalme:

Durch eine Oase ging ein finsterer Mann. Er war so gallig in seinem Charakter, dass er nichts Gesundes und Schönes sehen konnte, ohne es zu verderben. Spielende Kinder verdunkelten sein Gemüt, und nicht einmal der Strahl der Morgensonne konnte ihn aufheitern.

Am Rand der Oase stand eine junge Palme im besten Wachstum. Die stach dem finsteren Mann in die Augen. Er nahm einen schweren Stein und legte ihn der jungen Palme mitten in die Krone. Mit einem bösen Lachen ging er nach dieser Heldentat weiter.

Die junge Palme schüttelte sich und bog sich und versuchte, die Last abzuwerfen. Vergebens. Zu fest saß der Stein in der Krone.

Da krallte sich der Baum tiefer in den Boden und stemmte sich gegen die steinerne Last. Er senkte seine Wurzeln so tief, dass sie die verborgene Wasserader der Oase erreichten und stemmte den Stein so hoch, dass die

Krone über jeden Schatten hinausreichte. Wasser aus der Tiefe und Sonnenglut aus der Höhe machten eine königliche Palme aus dem jungen Baum.

Nach Jahren kam der finstere Mann wieder, um sich an dem Krüppelbaum zu freuen. Er suchte vergebens.

Da senkte die stolze Palme ihre Krone, zeigte den Stein und sagte: »Ich muss dir danken, deine Last hat mich stark gemacht.«

Nicht durch die Befreiung von ihrer Last, sondern durch die Annahme und Integration des Steins in ihr weiteres Wachstum hat die Palme ihre eigentliche Stärke und Größe entwickelt. So schwierig dieser Prozess auch sein mag, rückblickend stellt er sich als ein bereichernder und notwendiger dar. Es wird von Menschen berichtet, die durch eine Kindheit in Armut gelernt haben, achtsam mit Geld umzugehen und es später zu großem Reichtum gebracht haben, von anderen, die durch eine schwere Krankheit ihre eigentliche Lebensaufgabe in einem heilenden Beruf gefunden haben, und von wieder anderen, die erst nach einer Kündigung ihr eigenes Unternehmen aufgebaut haben, oder gar von Eheleuten, die erst nachdem sie vom Partner verlassen wurden, lernten, auf eigenen Beinen zu stehen und zu einer starken Persönlichkeit wurden.

Nie werde ich vergessen, wie mich ein früherer Geschäftspartner so betrogen hatte, dass mir innerhalb eines Jahres die wirtschaftliche Existenzgrundlage meiner Familie entzogen wurde. So hart dies war, rückblickend bin ich ihm fast dankbar, denn er zwang mich, ein anderes, bis dahin still vor sich hin plätscherndes Unternehmen neu auf- und auszubauen, das sich dann zu einer wesentlich besseren Einnahmequelle entwickeln sollte. Ohne diesen »Tiefschlag« hätte ich mich dafür wohl kaum so engagiert. Abgesehen von dem gleichzeitigen wertvollen Lernprozess wurde dieser Schicksalsschlag zum Sprungbrett für den späteren Erfolg. (Mehr zu diesem Aspekt finden Sie im Kapitel »Misserfolg«, S. 13.)

Manchmal wirft einen das Leben ins kalte Wasser – und lehrt uns schwimmen!

Doch so stimmig all dies später zurückblickend aussehen mag, in der Situation selbst, wenn man getroffen wird, ist es keineswegs leicht, damit fertig zu werden. Am liebsten würde man alles ungeschehen machen oder weglaufen. Kaum einem wird es gelingen, anfänglich nicht zu hadern oder gar zu verzweifeln. Dennoch, so verständlich und menschlich diese Reaktionen auch sein mögen, gibt es nur einen Ausweg, wenn man wie die Steinpalme stark werden will:

- Als ersten Schritt müssen wir die Situation akzeptieren! So hart es auch ist: Es ist, wie es ist. Was ich nicht zu ändern vermag, kann ich nur annehmen, sonst werde ich daran zerbrechen. Das bedeutet nicht, heroisch den Schmerz zu unterdrücken, im Gegenteil, die Verarbeitung des Geschehenen ist hierbei ein ganz entscheidender Schritt. Gegebenenfalls kann es sinnvoll und hilfreich sein, hierbei professionelle Hilfe, beispielsweise eines erfahrenen Therapeuten, in Anspruch zu nehmen. Die sogenannte »Trauerarbeit« ist wesentlicher Bestandteil des inneren Heilungs- und Integrationsprozesses. Erst wenn man den schmerzhaften Prozess vollkommen akzeptiert und bejaht, kann man in sich die Kräfte für einen neuen Weg mobilisieren. Und eigenartigerweise sind diese meist viel stärker, als man es je vermutet hätte. Darüber ist man selbst oft genauso erstaunt wie die Menschen im persönlichen Umfeld. – Eine kleine Hilfe kann hierbei auch schon die Frage bieten: Was bringt dieses Ereignis, so schwer es mich auch treffen mag, an Gutem mit sich, was kann ich daraus lernen? – Wie gesagt, dies ist sicher der schwerste Schritt, aber der entscheidende. Das Gegenbeispiel sind Menschen, die womöglich ein Leben lang mit ihrem Schicksal hadern und sich auf Dauer selbst lähmen. Für diese Menschen ist es besonders schwer, jemals wieder richtig glücklich zu werden. Erst das Ja ist der Boden, auf dem neue Kräfte und auch neues Glück wachsen können (so unvorstellbar dies auch erscheinen mag).

- Zweitens: Das Beste daraus zu machen, im Rahmen des Möglichen, mit der neuen Kraft, die das Annehmen mit sich bringt. Oft tun sich neue Wege auf, an die man nie gedacht hat. Unser inneres Kreativitätspotenzial ist in Krisen- und Notsituationen unerschöpflich – solange alles glatt geht, scheint es dagegen zu schlummern. Machen Sie sich diesbezüglich keine Sorgen. Schauen Sie sich Menschen an, die Schweres gemeistert haben, was diese alles auf die Beine gestellt und entwickelt haben. Oder vielleicht haben Sie es auch schon selbst erfahren, weil auch Sie, wie die Steinpalme, schon einmal gezwungen waren, einen schweren Schicksalsschlag anzunehmen und neu zu starten.

Das Potenzial der Steinpalme steckt in jedem von uns. Mögen wir alle vor harten Schlägen bewahrt bleiben, doch es kann auch beruhigend sein zu wissen: So schwer es auch sein mag, es ist möglich, wie die Palme damit fertig zu werden und hinterher seinen Weg vielleicht sogar noch stärker weiterzugehen.

Fragen zum Nachdenken

- Welches Ereignis in meinem Leben war für mich schon einmal wie der Stein für die Palme, und was habe ich im Nachhinein dadurch gewonnen?
- Was wäre ich heute ohne die mir widerfahrenen Schicksalsschläge?
- Was hilft mir am meisten, schwere Schläge oder Widrigkeiten anzunehmen?

LOSLASSEN

Loslassen zu können ist für viele von uns schwierig und bereitet nicht selten viel Leid, Ärger und Stress. Gemeint ist das innerliche Loslassen, denn das tatsächliche Loslassen der Dinge, der physische Akt, ist nur eine Folge des vorausgehenden, entscheidenden inneren Prozesses. In dieser Hinsicht geht es vielen Menschen wie dem indischen Affen in der folgenden Geschichte:

In Südindien fangen die Leute die Affen auf eine eigene Art. Sie höhlen eine Kokosnuss aus und ketten sie an den Boden. In eine Vertiefung darunter wird Futter geschüttet.

Die Öffnung der Kokosnuss ist gerade groß genug, dass der Affe seine Hand durchstrecken kann. Sobald er aber das Essen erfasst hat und eine Faust macht, um es herauszuholen, kann er seine Hand nicht mehr zurückziehen. Für die Faust ist die Öffnung der Kokosnuss zu klein.

Alles, was der Affe tun müsste, um frei zu kommen, wäre, das Futter loszulassen und seine Hand zu öffnen. Aber er kann nicht loslassen, sagen die Inder, weil er vom »verlangenden Herzen« gefangen ist. Und dem verlangenden Herzen ist der Futternapf wichtiger als seine Freiheit.

In einer Kultur, die stark von der Idee des Habens geprägt wird, haben wir das Festhalten eher gelernt als das Loslassen. Sobald wir Gefahr laufen, etwas zu verlieren, etwas aufgeben zu müssen, ist der erste Impuls, dasjenige festzuhalten so gut es geht. Manchmal kämpfen wir einen erbitterten Kampf, um auch nur keinen Millimeter einer erlangten Position aufzugeben, als wäre unsere Existenz bedroht. (Mehr zu diesem Aspekt finden Sie in den Kapiteln »Starre Überzeugungen«, S. 175, und »Flexibilität oder Starrsinn«, S. 113.) Verkrampfung und Starrheit regieren das Leben, wenn man nicht in der Lage ist, im entscheidenden Moment innerlich die Hände zu öffnen und loszulassen – und zwar in den unterschiedlichsten Bereichen:

- In materiellen Dingen, die wir besitzen und keinesfalls verlieren wollen, und solchen, die wir noch nicht haben, aber von denen wir glauben, sie unbedingt (für unser Glück) erwerben zu müssen.
- Erfolge, die wir mit aller Kraft erreichen wollen. Obwohl diese gerade durch den inneren Erfolgszwang oft verhindert werden.
- Unsere Ideologien und mentalen Konzepte davon, was richtig und falsch ist, und vor allem die vielen Erwartungen an andere Menschen, an uns selbst und das Leben. So kann einem der ersehnte Urlaub wertlos erscheinen, weil er anders abgelaufen ist als geplant.
- Menschen und Beziehungen nach einer Trennung.
- Vergangene Erlebnisse: schöne, denen man ewig nachtrauert, schlechte, die man nicht vergessen kann.
- Alles, was man anderen nachträgt und nicht verzeihen will, insbesondere, wenn man von einem Menschen tief verletzt wurde.
- Rechtspositionen, von denen man nicht abweichen will und womöglich jahrelange Prozesse in Kauf nimmt, über deren Sieg (falls er überhaupt eintritt) man sich oft aber nicht mehr richtig freuen kann, weil man emotional von dem langen Kampf schon völlig zermürbt ist.

Und mit Sicherheit gibt es noch etliche andere Bereiche, in denen wir uns das Leben unnötig schwer machen, wenn wir nicht in der Lage sind, im richtigen Augenblick zu erkennen, dass das einzig Richtige ist, einfach loszulassen. »Einfach«? – nein, oft ist das gar nicht einfach, doch je häufiger wir es wagen, umso häufiger werden wir die Erfahrung machen, dass gar nichts »Schlimmes« passiert, im Gegenteil, dass wir uns meist erleichtert und viel freier fühlen. Und diese Erfahrung kann einen ermutigen, das nächste Mal leichter und schneller die Hände zu öffnen und loszulassen.

Das bedeutet keineswegs, in eine innere Haltung der Beliebigkeit zu verfallen. Nein, Sie können weiterhin klare Wertvorstellungen und Ziele haben, allerdings werden Sie mit der Zeit diese Ziele mit einer anderen inneren Haltung verfolgen, nämlich mit der Bereitschaft, sie gegebenenfalls zu modifizieren oder den Kurs zu ändern, wenn es geboten ist, und sich den Realitäten anpassen, wie ein Skifahrer einer Buckelpiste. Sie können auch viele Dinge besitzen und sich daran freuen, aber gleichzeitig immer wieder unnötigen Ballast abwerfen und an manchen Schaufensterangeboten lächelnd vorbeigehen, wissend, dass Sie das nicht brauchen.

Je mehr wir lernen loszulassen und gleichzeitig Unerwartetes und Neues zuzulassen, desto gelassener werden wir und desto freier und intensiver können wir das Leben genießen. Also los: Lassen Sie los, nicht immer, aber immer öfter!

Fragen zum Nachdenken

- Welche Bedenken und Ängste tauchen in mir auf, wenn es darum geht, bestimmte Dinge, Menschen oder Einstellungen loszulassen? In welchen Bereichen fällt mir das Loslassen am schwersten?

- Wobei habe ich schon die Erfahrung gemacht, wie befreiend es sein kann, loszulassen? In welchen Bereichen habe ich wenig Probleme, loszulassen?
- Welche Dinge in meinem Leben möchte ich am liebsten loslassen, und wie könnte ich das erreichen?

WERTE: TUGEND STATT MORAL

Nach vielen Jahren einer weit verbreiteten Haltung ethischer Beliebigkeit wird in der letzten Zeit die Frage nach inneren Werten wieder häufiger gestellt, nach Werten im Sinne von Leitprinzipien für das eigene Leben und Handeln. Zwangsläufig stößt man dabei auch auf Begriffe wie Moral und Tugend, nicht selten allerdings mit leicht negativem Beigeschmack. Zu oft scheinen beide Ausdrücke in der Geschichte des christlichen Abendlandes gebraucht und missbraucht worden zu sein, sodass sie Ende des letzten Jahrhunderts mit vielem anderen traditionellen Gedankengut über Bord geworfen wurden. Das hierdurch entstandene ethische Vakuum neu zu füllen, ist das Anliegen vieler heutiger Philosophen und Autoren.

Worum geht es dabei? Letztlich darum, verlässliche innere Orientierungen, Richtlinien und Maßstäbe für das eigene Tun und Handeln zu finden. Hilfen also, um innerlich und äußerlich erfüllter zu leben. Eine interessante Unterscheidung zwischen Tugend und Moral stellt der Jesuitenpater und Zen-Meister Niklaus Brantschen in seinem Buch *Vom Vorteil, gut zu sein* dar. Moral, wie sie sich im christlichen Abendland über die Jahrhunderte entwickelt hat, wurde immer mehr zu einem von außen an den Menschen herangetragenen Normensystem mit Geboten und vor allem Verboten, das einem vorschrieb, was man müsse, solle und nicht dürfe. Durch buchstabengetreue Auslegung wurde meist das als gut angesehen, was den Moralvorschriften entsprach, egal, ob es dem Menschen half oder nicht. In letzter Konsequenz sollte also der Mensch der Moral dienen, und nicht mehr die Moral dem Menschen. Anders dagegen die Tugend (wie Brantschen sie neu interpretiert). Im Sinne von Platon und Aristoteles sollen Tugenden dem Menschen in seinem Streben nach einem guten und erfüllten Leben helfen, einem Leben, das nicht mit Mühsal und Zwang verbunden ist, sondern froh zu machen vermag. Tugend erwachse aus der Sehnsucht, dieses Leben voll zu leben, und solle uns helfen, zunehmend das zu tun, was unserem Wesen zutiefst entspricht. Nicht einem von außen auferlegten Normenkodex gelte es zu folgen, sondern dem Gesetz, das einem ins Herz geschrieben ist. Dies sei das Sittliche, das ohne Moral auskomme. Noch besser verständlich macht Brantschen dies mit folgender Gegenüberstellung:

Moral engt ein.	Tugend befreit.
Moral treibt an.	Tugend lockt.
Moral sagt: »Du musst!«	Tugend sagt: »Du darfst!«
Moral hebt den Zeigefinger.	Tugend zeigt aufs Herz.
Moral schaut auf Prinzipien.	Tugend schaut auf den Menschen.
Moral kämpft gegen Fehler.	Tugend ist für das Fehlende da.
Moral lehrt das Fürchten.	Tugend macht Mut.
Moral droht mit der Hölle.	Tugend zeigt den besseren Weg.
Moral predigt Wasser und trinkt Wein.	Tugend predigt Wein und – trinkt Wein.

Und warum brauchen Werte die Tugend und keine Moral? Weil Werte aus sich heraus sinnvoll und gut sein können. Wie viele Dinge werden getan aus Pflichtgefühl, Rücksichtnahme oder aus der Angst heraus, bestimmten Autoritäten (im Außen oder

Innen) nicht zu genügen. Wie oft habe ich in meinem Leben Sätze gehört wie: »Du solltest eigentlich ...« – »Du kannst doch nicht einfach ...« – »Wenn du verantwortungsvoll handeln würdest ...« – »Auf jeden Fall musst du ...« – und so weiter und so fort. Oft war der Inhalt der Aussage an sich völlig richtig. Die Frage ist nur, aus welcher inneren Haltung ich etwas tue: weil ich es »sollte« oder »muss«, also aus Verpflichtung oder Zwang. Oder weil ich es »will«, also aus der Entscheidungsfreiheit und der eigenen Erkenntnis der Sinnhaftigkeit meiner Handlung heraus.

Ja, Werte bedürfen letztlich keiner Moral. Sie können aus sich heraus sinnvoll sein. Wer in diesem Sinn tugendhaft seine Werte lebt und entsprechend handelt, belohnt sich selbst (ohne dafür belohnt werden zu müssen) oder straft sich selbst, wenn er sie missachtet (ohne dafür später bestraft werden zu müssen). Wer gerecht, ehrlich und verlässlich lebt und sich für andere engagiert, tut sich selbst etwas Gutes und erhält gewissermaßen dadurch seinen *instant return on investment* (Mehr zu diesem Aspekt finden Sie im Kapitel »Teilen«, S. 21). Tugend und Werte genügen sich selbst beziehungsweise sie genügen einem selbst – und somit muss man sie auch nicht anderen (mit moralisch erhobenem Zeigefinger) vorhalten. Sie verbessern von sich aus die Welt (indem sie gelebt werden), ohne dass sie eines missionarischen Eifers von Weltverbesserern bedürfen.

Finden Sie Ihre Tugenden und Werte und leben Sie diese, dann brauchen Sie keine Moral!

Fragen zum Nachdenken

- Was bedeuten mir die Begriffe Moral und Tugend?
- Welche Tugenden und Werte sprechen mir aus dem Herzen, sodass ich ihnen entsprechend leben will?

- Wann habe ich schon erfahren, dass sich das Handeln nach eigenen innersten Wertvorstellungen lohnt?

GOTTESFURCHT UND NÄCHSTENLIEBE

Ich kann mich noch gut erinnern, dass in der religiösen Erziehung meiner Kindheit Gottesfurcht eine große Rolle gespielt hat, und auch in vielen Kirchenliedern ist immer wieder davon die Rede. Warum, so fragten wir uns damals und fragen auch heute viele, soll man einen liebenden Gott (wie er gleichzeitig gelehrt wird) denn fürchten? Besonders in der heutigen Zeit ist das alttestamentarische Bild eines furchterregenden Gottes fremd und alles andere als einladend. Vielfach wird einem daher von moderner denkenden Geistlichen beruhigend nahegelegt, man brauche Gott nicht fürchten, sondern solle ihn lieben. Aber wie? Genau um diese Frage geht es auch dem Ratsuchenden in der folgenden jüdisch-chassidischen Geschichte von Martin Buber:

Ein gelehrter und kargherziger Mann redete Rabbi Abraham von Stretyn an: »Es heißt, ihr gäbet den Leuten heimliche Heilmittel und eure Mittel seien wirksam. Gebt mir dann eins, um Furcht Gottes zu erlangen!«

»Für Furcht Gottes«, sagte da Rabbi Abraham, »weiß ich bei mir kein Mittel. Aber wenn ihr wollt, könnt ihr eins für Liebe Gottes erhalten.«

»Das ist mir noch erwünschter«, rief jener, »gebt es nur her!«

»Das Mittel«, antwortete der Zaddik, »ist Liebe zu den Menschen.«

Statt Gottesfurcht hebt der jüdische Rabbi die Gottesliebe hervor, die sich durch Liebe zu den Menschen, also durch Nächstenliebe vermitteln würde. Nun ist der Chassidismus eine volkstümliche Bewegung im Judentum, die Lebensbejahung und Fröhlichkeit ins Zentrum der Religiosität stellt und möglicherweise dadurch für das Denken und Empfinden vieler Menschen in der heutigen Zeit ansprechend ist. Es bleibt aber dennoch die Frage, was es praktisch bedeutet, die Menschen (also den Nächsten) zu lieben.

Vielfach wird gelehrt, man solle Liebe »üben« durch aktives Tun für andere. Solange dies allerdings nur aus innerer Verpflichtung geschieht, bleibt fraglich, ob es wirklich dazu führt, die Menschen zu lieben. Wenn wir soziales Engagement lediglich als Pflichtübung begreifen, ohne dabei echte Liebe im Herzen zu spüren, ist dies für andere zwar auch sehr hilfreich, für uns selbst aber ist der Gewinn nicht so ergiebig. So kann man immer wieder äußerst karitative Menschen erleben, die mit einer für alle erkennbaren Leidensmiene ihren aufopfernden Dienst am Nächsten absolvieren. Häufig fehlt ihnen die eigene Lebensfreude, und meistens gönnen sie sich selbst kaum etwas. Ganz anders ist der Weg, den etliche weise Menschen aufzeigen: den Weg zur Nächstenliebe mithilfe eines gesunden Maßes an Liebe zu sich selbst. Diese muß sogar an erster Stelle stehen: Nur wer in der Lage ist, sich selbst wirklich zu lieben, kann auch die Menschen lieben. Auch das Wort Jesu, man solle seinen Nächsten lieben, *wie sich selbst*, geht ja zunächst davon aus, dass ein Mensch es vermag, sich selbst zu lieben, was allerdings vielen gar nicht leicht fällt.

Eine zeitgerechte Anleitung hierzu kann man in dem kleinen Büchlein *Eine Minute für mich* des amerikanischen Autors Spencer Johnson finden. Er zeigt einen einfachen, pragmatischen Weg in drei Phasen:

- *Phase eins:* Lerne für dich selbst zu sorgen, dass es dir gut geht. Dabei empfiehlt Johnson, jeden Tag immer wieder für eine Minute innezuhalten und sich die Frage zu stellen: »Wie kann ich jetzt dafür sorgen, dass es mir gut geht?« – Mit dieser wiederholten Frage hat die Hauptfigur der Geschichte Spencer Johnsons in relativ kurzer Zeit sein Leben verändert und ist zu einem auch nach außen hin erkennbar viel zufriedeneren und erfüllteren Menschen geworden. Auf die erstaunte Frage seines Neffen, dem er sein Geheimnis anvertraut hat, ob dies nicht recht egoistisch sei, antwortet er: Nein, nur wenn er dafür sorge, dass es ihm gutgehe, könne er auch anderen helfen, dass es ihnen besser gehe. Das sei aber erst der nächste Schritt:
- *Phase zwei:* Die Menschen fördern, die einem nahestehen. Jeden Tag, so erfährt der fragende Neffe, stelle der Onkel seiner Frau am Morgen die Frage: »Wie kann ich dich heute unterstützen, damit du es dir gutgehen lässt und etwas für dich tust?« Wohlgemerkt unterstützen, nicht es ihr abnehmen, etwas für sich zu tun. Sonst verliere der Nächste schnell seine Eigenständigkeit und werde abhängig (ein Nachteil übrigens vieler Entwicklungshilfemaßnahmen). – Mit der Zeit ging es beiden viel besser, jedem für sich und auch miteinander, sodass sie reif waren für …
- *Phase drei:* Gemeinsam eine Aufgabe für das Wohl des »Großen und Ganzen« auf dieser Erde zu übernehmen. Nachdem sie gelernt hatten, sich selbst zu lieben, konnten sie aus ihrer Fülle heraus (ohne Pflichtgefühl) dem Wunsch nachgehen, etwas für andere zu bewirken und diese dabei unterstützen, besser für sich selbst zu sorgen. – Nur diejenigen, die dazu nicht mehr in der Lage sind, bedürfen wirklicher Hilfe, die aber aus liebendem Mitgefühl und nicht aus Mitleid (das den anderen meist erniedrigt) erbracht werden sollte.

Je mehr jemand so lebt, desto größer wird erfahrungsgemäß in ihm auch die Liebe zum Leben, zum Universum und – für einen gläubigen Menschen – zu Gott, allerdings ohne Furcht, da Liebe und Angst sich bekanntlich ausschließen.

Fragen zum Nachdenken

- Was bedeutet »Gott zu lieben« und »die Menschen zu lieben« für mich?
- Sorge ich ausreichend dafür, dass es mir gutgeht? Könnte ich bejahen, mich selbst zu lieben, oder was, glaube ich, steht dem entgegen?
- Was tue ich (oder könnte ich tun), um andere Menschen zu unterstützen, dass sie besser für sich sorgen?

STARRE ÜBERZEUGUNGEN

In der Regel, so denkt man, passt der vernünftige Mensch sein Denken den Tatsachen an. Ändern sich die Dinge, so verändert sich auch die Sicht darauf. Jedenfalls nimmt man an, das müsste so sein. Und doch hat es der Mensch im Laufe der Geschichte bis in die heutige Zeit immer wieder geschafft, entgegen aller Vernunft an seinen Überzeugungen festzuhalten, ja mit aller Kraft die Augen vor nachgewiesenen Tatsachen zu verschließen, manchmal sogar unter Aufbringung aller nur denkbaren Argumentationsklimmzüge:

> *Ein christlicher Gelehrter, der die Bibel für die buchstäbliche Wahrheit hielt, wurde von einem Wissenschaftler beiseitegenommen, der sagte: »Der Bibel zufolge wurde die Erde vor etwa fünftausend Jahren erschaffen. Wir haben jedoch Knochen gefunden, die auf ein Leben auf der Erde schon vor einer Million Jahren hinweisen.«*
>
> *Ohne Zögern kam die Antwort: »Als Gott die Erde vor fünftausend Jahren schuf, tat er diese Knochen absichtlich hinein, um unseren Glauben zu prüfen und zu sehen, ob wir eher seinem Wort oder wissenschaftlicher Beweisführung glauben würden.«*

Natürlich kann man als Leser dabei zunächst schmunzeln, doch spiegelt sich hier eine Geisteshaltung, die sich in der ganzen Menschheitsgeschichte immer wieder neuen Erkenntnissen widersetzt hat: Weil nicht sein kann, was nicht sein darf! Dahinter verbirgt sich oft die große Angst, dass mit einer Veränderung des weltanschaulichen Systems alles in sich zusammenbrechen und man den festen Boden der überlieferten Überzeugung unter den Füßen verlieren würde. So entfaltet der Mensch all seine Kreativität, nur um seine Sicht der Dinge aufrechtzuerhalten. Dass sich starre Überzeugungen selbst über alle Grenzen der Logik hinwegsetzen können, zeigt auch die folgende Geschichte:

Ein Patient kommt zum Arzt mit der festen Überzeugung, dass er tot sei.

Alle Versuche des Arztes, ihm das Gegenteil zu beweisen, schlagen fehl. Dabei hat er schon auf die Körpertemperatur, auf die Atemfunktionen und vieles andere hingewiesen.

Schließlich zieht er seinen letzten Trumpf aus dem Ärmel und fragt den Patienten: »Sagen Sie mal, bluten Leichen eigentlich?«

Der Patient antwortet entrüstet: »Natürlich nicht.«

Daraufhin nimmt der Arzt eine bereits vorbereitete Nadel und sticht dem Patienten in die Hand. Es beginnt zu bluten.

Der Arzt fragt den Patienten: »Na, was sagen Sie jetzt?«

Der Patient antwortet: »Oh, ich habe mich getäuscht. Leichen bluten doch!«

Kaum zu glauben, doch allzu verbreitet ist dieses starre Festhalten an Überzeugungen im Großen wie im Kleinen. So wurde im Mittelalter gegen schon vorliegende Beweise geleugnet, dass die Erde keine Scheibe, sondern eine Kugel sei, ebenso wie man nicht bereit war, die Ansicht aufzugeben, die Erde sei der Mittelpunkt des Weltalls. Etliche landeten dafür im Gefängnis, auf der Folterbank oder schließlich auf dem Scheiterhaufen.

Nicht selten hört man von Menschen, die zu Unrecht zu langen Haftstrafen oder zum Tod verurteilt wurden, nur weil alle, einschließlich der Richter von ihrer Schuld überzeugt waren und alle Gegenindizien außer Betracht gelassen wurden. Sehr anschaulich wird dieser psychologische Prozess in dem Filmklassiker *Die 12 Geschworenen* dargestellt. Elf dieser Geschworenen sind zunächst von der Schuld des Täters überzeugt, und nur weil einer zweifelt und die anderen langsam von ihrer Voreingenommenheit abzubringen vermag, kann die Verurteilung des Angeklagten zum Tode verhindert werden. Es gibt auch Extrembeispiele, in denen Überzeugungen sogar nachweisbare körperliche Folgen nach sich ziehen. So wurden Fälle bekannt, in denen Patienten infolge einer Fehldiagnose an der hierdurch eingebildeten Krankheit gestorben sind, und in Experimenten bekamen die Probanden, denen man eine Münze auf den Unterarm legte und ihnen suggerierte, diese sei glühend heiß, tatsächlich Hautverbrennungen.

Alles Sonderfälle, die mit unserem normalen Alltag wenig zu tun haben? In der geschilderten Tragweite vielleicht, doch können wir nicht alle dieser trickreichen Selbstbetrugstendenz unseres Gehirns erliegen? Wie häufig passiert es, dass man automatisch alles ablehnt, was ein Mensch äußert, den man nicht leiden kann? Die Medien schildern einen Skandal, und ohne die Behauptungen überprüfen zu können, ist die betreffende Person für Millionen von Menschen erledigt. Selbst wenn sich hinterher die Unwahrheit des Ganzen herausstellt, ist eine wirkliche Rehabilitierung kaum mehr zu erreichen.

Was tun? Kaum einer ist gegen diese Tendenz unseres Gehirns gefeit, wohlgemerkt gegen die *Tendenz*, denn diese muss keineswegs zu Übertreibungen wie in den obigen Geschichten führen. Jeder kann aber lernen, etwas vorsichtiger mit den eigenen Überzeugungen umzugehen, nämlich:

- Sich erstens seiner Überzeugungen bewusst zu sein, was vor allem bedeutet, selbstkritisch zwischen realen Fakten (die man selbst nachprüfen kann) und den eigenen Überzeugungen von nicht überprüften Dingen zu unterscheiden. Eine gute Frage hierzu ist immer: Woher weiß ich das wirklich?
- Und zweitens bereit zu sein, eine bisherige Überzeugung wieder aufzugeben beziehungsweise zu revidieren, so unbequem oder auch schmerzhaft das möglicherweise im Einzelfall sein kann.

Beide Fähigkeiten zeichnen reife und bewusst lebende Menschen aus. – Mag auch dies eine Überzeugung sein, dann können Sie sich gerne selbst davon überzeugen!

Fragen zum Nachdenken

- Wann bin ich schon einer starren Haltung begegnet, die gegen alle Tatsachen immun zu sein schien, und welche Konsequenzen hatte das für mich?
- In welchen Bereichen fällt es mir selbst schwer, eigene Überzeugungen zu revidieren?
- Welche Überzeugungen über das Leben oder über bestimmte Menschen habe ich übernommen, ohne sie zu überprüfen? (Keine Sorge, alle Menschen haben eine Fülle solcher Überzeugungen – es geht nur darum, sich dies bewusst zu machen!)

RICHTEN

Das Wort »Richten« hat es in sich, kann es doch sowohl das Urteil fällende Richten bedeuten als auch das reparierende Wiederher-richten. Und auch das Wort Gericht bezeichnet sowohl den Ort, an dem gerichtet wird, als auch das Gericht, das uns im Lokal serviert wird, nachdem es angerichtet wurde. Diese Mehrdeutigkeit kann einem auch zu denken geben, wenn es um das Gericht geht, welches über Jahrtausende für die Menschen das gefürchtetste war, nämlich das »Jüngste Gericht«. Die Portale romanischer und gotischer Kathedralen verkünden »Himmel und Hölle«, Letztere als abschreckende Warnung für diejenigen, die bei diesem Gericht aufgrund ihres Lebenswandels verurteilt werden sollten. So heißt es doch im Glaubensbekenntnis der christlichen Kirchen von Jesus, er werde einst kommen »zu richten die Lebenden und die Toten«. Gerade diese Worte können aber durch folgende Geschichte eine ganz andere Bedeutung bekommen, als sie üblicherweise damit verbunden wird.

Ein alter Mönch, der sowohl für seine Weisheit als auch seine große Herzensgüte bekannt war, wurde einst von seinen Schülern nach dem Tag des Jüngsten Gerichtes befragt. Er sah mit Verwunderung die Angst in ihren Augen und forschte nach dem Grund. Ob er denn nicht wisse, gaben sie ihm zur Antwort, was alles Schreckliches mit denen passiere, die an jenem Tage vor dem streng urtei-

lenden Gott nicht bestehen und zur Hölle verurteilt würden? – Darauf lächelte der Mönch weise und erwiderte: »Ja, leider weiß ich wohl, dass viele das Jüngste Gericht in diesem Sinne missverstehen. Dabei ist es der Tag, an dem Jesus kommen wird, um alle Menschen – besonders aber die sogenannten Sünder – wieder auf-zu-richten und gerade zu richten all jenes, was durch falschen Lebenswandel krumm geworden und auf die schiefe Bahn geraten ist. Ein Gott der Liebe braucht keine Verurteilung, noch weniger bedarf er zum Richten einer Hölle. Gerade am Jüngsten Tag wird der Erlöser seinem Namen gerecht werden und uns erlösen. Außerdem bedarf es gar keiner Verurteilung mehr, denn wer gesündigt hat, der hat sich allein schon durch diese Taten selbst bestraft und von Gott abgesondert (das nämlich bedeutet das Wort Sünde). Gott wird das also richten, indem er diese Trennung wieder aufhebt und heilt.« Damit entließ der Alte die Schüler und stellte in der Folgezeit mit Erleichterung fest, dass sie anscheinend ihre Angst vor den Jüngsten Gericht verloren hatten. Und allein das war schon viel wert. – Im stillen Gebet allerdings hoffte er, dass Gott mit seiner neuen Auslegung einverstanden sein werde.

Es mag den Weisen, den Theologen und Philosophen, vor allem aber Ihnen persönlich überlassen bleiben, welche der möglichen Auslegungen des Jüngsten Gerichts wohl die richtige ist. Von praktischer Relevanz im Alltag kann dagegen die Frage sein, wie man selbst mit den Fehlern anderer umgeht, welche Art von »Richten« man bevorzugt: das Verurteilen oder das bewertungsfreie Richten des Geschehenen, indem man dem Betreffenden hilft, den Schaden wiedergutzumachen. Auch wir haben die Wahl, ob wir andere, die »Mist gebaut haben« wieder auf-richten oder ob wir sie verurteilen. Es gibt nur eine Berufsgruppe, die kraft ihres Amtes das Recht zum Urteil oder zur Verurteilung anderer hat: die Richter. Wir hingegen sollten versuchen, so schwer das oft auch sein mag, mit anderen so umzugehen, wie der alte Mönch es sich von Gott erhofft. Schwer ist es allerdings nicht nur, weil wir nicht Gott sind, sondern weil wir in unserem mentalen Steuerungssystem eine Art Autopiloten haben, der sofort zur Verurteilung neigt, sobald etwas unserem Wertesystem widerspricht. Unsere Verurteilungssoftware ist diejenige, die nach der Konstruktion unseres inneren Betriebssystems automatisch geladen und angewandt wird. Doch können wir uns mit der Zeit umprogrammieren, indem wir es ab und zu und dann immer häufiger versuchen. Vielleicht erlangen wir dann mit der Zeit etwas von der Güte und Weisheit des alten Mönches ...

Fragen zum Nachdenken

- Was ist meine persönliche Vorstellung von »Richten« und vom »Jüngsten Gericht«?
- Wann neige ich dazu, andere sofort zu verurteilen?
- Wann gelingt es mir bei Fehlern anderer, ihnen ohne Urteil zu helfen und das Geschehene zu richten?

EHRLICHKEIT

Frohe Botschaften zu übermitteln ist leicht und eine angenehme Angelegenheit. Bei Kindern kann man oft erleben, dass sie untereinander wetteifern, wer dem Papa oder der Mama eine gute Nachricht überbringen darf. Und auch der Aktionärsversammlung die unerwartet guten Quartalsergebnisse mitzuteilen, wird kein Vorstandsvorsitzender sich scheuen. Verständlich: Wird doch unbewusst die positive Nachricht mit der Person verbunden, die sie verkündet.

Viel schwerer fällt es dagegen bei negativen Botschaften: Ihre Übermittlung ist eine Aufgabe, vor der die meisten sich scheuen. Zwar wird heute der Bote nicht mehr hingerichtet, wie das früher bei grausamen Herrschern noch üblich war, doch wissen Ärzte und Amtspersonen, wie belastend es auch für sie selbst sein kann, jemandem eine schlimme Diagnose oder gar einen Todesfall mitteilen zu müssen.

Um die Schwierigkeit, Wahrheit zu übermitteln, geht es auch in der folgenden Parabel:

Es war einmal ein König, der träumte, er werde bald alle Zähne verlieren. Voll Sorge befahl er einen Traumdeuter herbei.

»Oh mein König«, sagte dieser, »ich muss dir eine sehr traurige Mitteilung machen. Alle deine Angehörigen werden sterben, einer nach dem anderen.«

Da wurde der König zornig und ließ den Mann in den Kerker werfen.

Schließlich befahl er einen anderen Traumdeuter herbei. Der hörte sich den Traum an und sagte lächelnd:

»Ich bin glücklich, großer König, dir eine freudige Mitteilung machen zu können. Du wirst älter werden als alle deine Angehörigen. Du wirst sie alle überleben!«

Da war der König hocherfreut und belohnte ihn reichlich.

Beide haben die Wahrheit gesagt. Doch der zweite Traumdeuter hat sie so ausgedrückt, dass sie positiv klingt. Hat er dem König damit etwas vorgemacht? Ist das so in Ordnung, mag man sich fragen, wenn man gerade in den Medien und der Politik erlebt, wie unangenehme Wahrheiten so formuliert werden, dass man die Tragweite gar nicht mehr richtig mitbekommt? Da ist beispielsweise von »negativem Wachstum« die Rede, ein Unternehmen wird »personalmäßig verschlankt«, und nach einer Katastrophe wird (verharmlosend) die Zahl der Todesopfer »nach oben korrigiert«. Ist das legitim? Eine schwer zu beantwortende Frage, eine der wohl schwierigsten in der Kommunikation zwischen Menschen: Sage ich die Wahrheit, und wie sage ich sie? Die Antwort könnte in vier Stufen gesucht werden. Die ersten beiden betreffen das *ob* und die beiden anderen das *wie*:

- *Erstens:* Steht es mir überhaupt zu? Es gibt Dinge, die man zwar erfährt, die einen aber nichts angehen und bei deren Mitteilung man sich ungefragt in die Angelegenheiten anderer einmischen würde. So mag es allgemein als deplatziert gelten, wenn jemand seine Nachbarin anruft, um ihr mitzuteilen, dass ihr Ehemann bei Rotlicht über eine Kreuzung gefahren ist (und wohl auch, wenn neben ihm eine hübsche Blondine gesessen hat ...).
- *Zweitens:* Ist es angebracht oder nötig? So mag man vielleicht

feststellen, dass der Arbeitskollege völlig übernächtigt erscheint. Doch muss man ihn mit einem: »Oh Gott, siehst du aber heute schlecht aus!« konfrontieren? Manchmal ist es angebrachter, die Höflichkeit über die schonungslose Wahrheit siegen zu lassen. Warum soll man bei einer Essenseinladung die Gastgeberin, die sich viel Mühe gemacht hat, brüskieren, indem man auf ihre Frage, wie es denn schmecke, »ehrlich« antwortet: »Miserabel.«? – Es sei denn, man schafft das mit viel Humor, bei einem Menschen, der ihn auch akzeptieren kann, doch das gehört schon zum nächsten Schritt:

- *Drittens:* Wie sage ich die Wahrheit, sodass sie angenommen werden kann? Oft ist dies die schwierigste Herausforderung: das Geschehene so mitzuteilen, dass es einerseits nicht verletzt, andererseits aber auch ohne es zu beschönigen oder zu verharmlosen. Hier gilt es, wie Max Frisch formulierte, »dem anderen die Wahrheit nicht wie ein nasses Handtuch um die Ohren zu hauen, sondern wie einen Mantel hinzuhalten, in den er hineinschlüpfen kann«. – Verfehlt, weil meist verletzend, ist Zynismus: Wer beim Ausspruch einer Kündigung glaubt, schonungsvoll zu sein, indem er sagt: »Wir können uns zwar nicht vorstellen, ohne Sie auszukommen, dennoch wollen wir es ab dem nächsten Monat mal versuchen«, ist nicht einmal witzig, sondern nur gemein. – Anders bei Humor, der aus dem Herzen kommt, und beim anderen ankommt. So bekam meine Mutter in den ersten Ehejahren, als ihre Kochkünste sich noch eher in der Experimentierphase bewegten, von einem guten holländischen Freund der Familie auf ihre Frage, wie denn das Essen schmecke, die offene Antwort: »Weißt du, Barbara, so mancher niederländische Kartonfabrikant wäre froh, wenn seine Pappe so lecker schmecken würde wie deine Pfannkuchen.« Nach kurzer Betroffenheit erntete er auch von der Köchin schallendes Gelächter (hätte aber auch schiefgehen können). – Spaß beiseite: Je gravierender die Nachricht, umso mehr Behutsamkeit und Mitgefühl sind angesagt. Mit einem anderen Bild: Empathie ist gewissermaßen das Nest, in das man die Wahrheit wie ein rohes Ei hineinlegen muss. Wenn man es dem anderen einfach vor die Füße wirft, dann zerplatzt es – und wird, je länger er darüber nachdenkt, anfangen zu stinken.

- *Viertens:* Kann ich dem anderen helfen, mit der Wahrheit fertig zu werden? Das betrifft schlimme Nachrichten, die jemanden wie einen Schlag treffen können, vor allem bei Krankheitsdiagnosen und Todesfällen. Hier ist es Gold wert, wenn man weiß, wie man dem anderen beistehen und helfen kann.

Mit der Wahrheit ist es in der Tat oft keine leichte Sache. Der ehrliche und behutsame Umgang mit ihr gehört zu den entscheidenden Fähigkeiten sozialer und emotionaler Kompetenz.

Fragen zum Nachdenken

- Bin ich in der Lage, wenn es nötig ist, die Wahrheit klar, aber rücksichtsvoll zu äußern?
- Wann neige ich dazu, lieber nichts zu sagen oder die Dinge zu beschönigen?
- Welche Wahrheiten möchte ich lieber nicht hören oder wissen?

TALENTE

Carpe diem, nutze den Tag – und nutze deine Talente! Talente zu entdecken, sie zu fördern und optimal zu nutzen, sind aktuelle und wichtige Themen. In den USA wie bei uns sind sogenannte Talent-Scouts auf der Suche nach Begabungen, Zeitungen machen große Kampagnen mit Schlagzeilen à la: »Entdecker gesucht«, und auch in der Bildungspolitik rangieren Begabungen und Begabungsförderung an erster Stelle. Auch in der Bibel spricht Jesus zu seinen Jüngern über Talente:

> *Es ist wie mit einem Mann, der auf Reisen ging: Er rief seine Diener und vertraute ihnen sein Vermögen an. Dem einen gab er fünf Talente Silbergeld, einem anderen zwei, wieder einem anderen eines, jedem nach seinen Fähigkeiten. Dann reiste er ab. Sofort begann der Diener, der fünf Talente erhalten hatte, mit ihnen zu wirtschaften, und er gewann noch fünf dazu. Ebenso gewann der, der zwei erhalten hatte, noch zwei dazu. Der aber, der das eine Talent erhalten hatte, ging und grub ein Loch in die Erde und versteckte das Geld seines Herrn. Nach langer Zeit kehrte der Herr zurück, um von den Dienern Rechenschaft zu verlangen. Da kam der, der die fünf Talente erhalten hatte, brachte fünf weitere und sagte: Herr, fünf Talente hast du mir gegeben; sieh her, ich habe noch fünf dazu gewonnen. Sein Herr sagte zu ihm: Sehr gut, du bist*

ein tüchtiger und treuer Diener. Du bist im Kleinen ein treuer Verwalter gewesen, ich will dir eine große Aufgabe übertragen. Komm, nimm teil an der Freude deines Herrn! Dann kam der Diener, der zwei Talente erhalten hatte, und sagte: Herr, du hast mir zwei Talente gegeben; sieh her, ich habe noch zwei dazu gewonnen. Sein Herr sagte zu ihm: Sehr gut, du bist ein tüchtiger und treuer Diener. Du bist im Kleinen ein treuer Verwalter gewesen, ich will dir eine große Aufgabe übertragen. Komm, nimm teil an der Freude deines Herrn! Zuletzt kam auch der Diener, der das eine Talent erhalten hatte, und sagte: Herr, ich wusste, dass du ein strenger Mann bist; du erntest, wo du nicht gesät hast, und sammelst, wo du nicht ausgestreut hast; weil ich Angst hatte, habe ich dein Geld in der Erde versteckt. Hier hast du es wieder. Sein Herr antwortete ihm: Du bist ein schlechter und fauler Diener! Du hast doch gewusst, dass ich ernte, wo ich nicht gesät habe, und sammle, wo ich nicht ausgestreut habe. Hättest du mein Geld wenigstens auf die Bank gebracht, dann hätte ich es bei meiner Rückkehr mit Zinsen zurückerhalten. Darum nehmt ihm das Talent weg und gebt es dem, der die zehn Talente hat! Denn wer hat, dem wird gegeben, und er wird im Überfluss haben; wer aber nicht hat, dem wird auch noch weggenommen, was er hat. Werft den nichtsnutzigen Diener hinaus in die äußerste Finsternis! Dort wird er heulen und mit den Zähnen knirschen.

Matthäus 25, 14–30

Für viele Menschen ist dieses eines der am schwersten verständlichsten Gleichnisse Jesu. Etliche sind sogar empört über diese Ungerechtigkeit: Wer viel hat, dem wird noch mehr gegeben, wer wenig hat, dem wird auch noch das Wenige genommen. Da wird der Wucherer belohnt und der Vorsichtige bestraft – welch ein ungerechter Herr, so könnte mancher denken. Es erscheint als das genaue Gegenteil von dem, was Jesus sonst verkündete: Man solle die Schwachen und Minderbemittelten fördern und ihnen beistehen, während die Reichen in der Regel schlecht wegkommen; eher komme ein Kamel durch ein Nadelöhr (eine schmale Einlasspforte neben den Stadttoren) als ein Reicher in den Himmel. Und nun plötzlich diese ganz andere Aussage. Wie soll man sich daran nicht stoßen? – So dachte auch ich lange Zeit, bis ich eines Tages in meiner Studentenzeit in der Ludwigskirche neben der Münchner Universität hierzu eine Predigt des Theologieprofessors Eugen Biser hörte. Er lieferte eine völlig neue Interpretation und Sichtweise:

Es gehe in dieser Geschichte wohl um etwas ganz anderes als darum, Gewinnmaximierung zu belohnen, nämlich um die innere Haltung, angstfrei seine Fähigkeiten und Möglichkeiten zu nutzen und einzusetzen. Jesus wolle die Menschen ermutigen, ohne Furcht und zu viele Sorgen zu leben. Gewissermaßen enthält die Geschichte die ermutigende Aufforderung: »Habt den Mut, alles was ihr mitbekommen habt, bestmöglich einzusetzen und ohne Furcht voll und ganz damit zu leben!« Sich also nicht verkriechen, seine Talente vergraben oder, wie es an anderer Stelle heißt, »sein Licht unter den Scheffel stellen«, nur um risikofrei auf Nummer sicher zu gehen. – Was allerdings keinesfalls bedeutet, man solle kopflos, unvorsichtig und wagemutig vorgehen, um möglicherweise alles zu riskieren. Ähnlich wie bei Kapitalinvestitionen am Finanzmarkt geht es darum, mit seinem ganzen Vermögen ohne allzu großes Risiko die Rendite zu optimieren.

In der Praxis könnte das bedeuten:

- Sich zunächst bewusst werden, wo die eigenen Fähigkeiten und Talente liegen, gegebenenfalls auch durch entsprechende Tests oder Talent-Checks.

- Die eigenen Begabungen bestmöglich fördern und ausbilden.
- Diese Talente beruflich wie privat optimal nutzen, möglicherweise unter Zuhilfenahme eines professionellen Beraters oder Coaches. – Und ohne Furcht dabei auch ein gewisses Risiko eingehen. Auf jeden Fall ist es besser, man tut wirklich das, was einem liegt, auch wenn man dabei nicht so viel verdient, als dass man mit einem besser bezahlten Job unglücklich wird, weil dieser nicht den eigenen Talenten entspricht.

Die eigentliche Talentrendite lässt sich nicht primär finanziell messen, sondern schlägt sich in dem inneren Gefühl nieder, mit den eigenen Fähigkeiten und Begabungen im Rahmen seiner Möglichkeiten etwas Sinnvolles zu bewirken. Wer das auch nur im Kleinen erreicht, kann ein erfülltes Leben führen – haben Sie den Mut dazu!

Fragen zum Nachdenken

- Was sind meine wichtigsten Fähigkeiten und Talente?
- Nutze ich diese bestmöglich, oder könnte ich hier etwas verändern und verbessern?
- Welche Befürchtungen habe ich, mehr das zu tun, was in mir angelegt ist, und wie könnte ich anders damit umgehen?

GEDULD

Wir leben in einem Zeitalter der Schnelligkeit und sofortigen Verfügbarkeit aller Dinge: Per Internet, E-Mails, Handys, Fast Food, *instant products* und Düsenjets. Warten zu müssen ist out und wird immer unerträglicher. Neulich rief mich ein Geschäftspartner an, mit den fast vorwurfsvollen Worten: »Ich habe Ihnen doch schon vor einer halben Stunde eine E-Mail geschickt und habe noch keine Antwort bekommen. Ist sie vielleicht nicht angekommen?« Nach dreißig Minuten! Viele würden das heute wahrscheinlich sogar für normal halten. Noch vor zwanzig Jahren rechnete man auf dem Postweg allenfalls nach vier bis fünf Tagen mit dem Antwortschreiben.

Sich-Zeit-Lassen und Geduld sind Haltungen, die immer seltener nötig und gefragt sind, dadurch aber auch als wertvolle Ressourcen mehr und mehr verloren gehen. In manchen Fällen mit verhängnisvollen Folgen:

Ein chinesischer Bauer hatte seine Reispflänzchen zur rechten Zeit in den Boden eingebracht und versäumte keinen Morgen, zum Feld zu gehen, um nach dem Gedeihen der noch zarten Halme zu schauen.

Die Voraussetzungen dazu waren gut: Er hatte gedüngt, fleißig gewässert und auch die Pflanzen sicher und fest im Boden eingedrückt. Die Sonne schien, und die Luft war lau und mild.

Zwei Wochen gingen ins Land, da wurde der Bauer ungeduldig. Die Pflanzen schienen ihm nur wenig größer geworden zu sein.

Er sann auf ein Mittel, den Trieb zu beschleunigen.

Da kam ihm eine Idee: Täglich zog er ein bisschen an den Halmen.

Als er aber am siebten Tag aufs Feld kam, was musste er sehen?

Die Pflänzchen lagen welk und entwurzelt im Wasser, und er musste mit seiner Arbeit von vorne beginnen.

Warten zu können, Geduld zu haben und langsames Wachstum zu ertragen ist immer schwerer für die meisten. Und doch sind das alles auch in der heutigen Zeit wertvolle und oft notwendige Eigenschaften. Nicht nur in der Natur, auch an der Börse muss der Profi einen langen Atem haben, will er nicht bei einer vorübergehenden Krise viel Geld verlieren. Genesungsverläufe nach schweren Krankheiten und seelische Verarbeitungsprozesse brauchen ihre Zeit (sofern man die Symptome nicht nur mit Antibiotika oder Psychopharmaka eliminiert). Manchmal ist es erforderlich, bei Bewerbungen oder geschäftlichen Angeboten Geduld zu haben, um sich nicht durch einen zu schnellen Rückruf die Chancen zu verderben. Und nicht zuletzt im Wartezimmer des Arztes oder bei Verspätungen an Flughäfen und Bahnhöfen kann einem das Schicksal sanft, aber entschieden eine Trainingsmöglichkeit in Sachen Geduld bieten.

Ja, das mag ironisch klingen, und doch ist es ernst gemeint: Ab und zu bewusst Geduld zu trainieren, sich in Langsamkeit und im Warten zu üben, kann unser Spektrum an emotionalen Kompetenzen entschieden bereichern. Hier nur ein paar Möglichkeiten:

- Gehen Sie ab und zu für ein paar Minuten daheim oder in einem Park ganz langsam, wie im Zeitlupentempo, achten Sie dabei auf Ihre Atmung, und versuchen Sie jeden Schritt ganz bewusst zu spüren.

- Pflanzen Sie etwas in Ihrem Garten oder auf dem Balkon, gießen und pflegen Sie es und verfolgen Sie das Wachstum.
- Lesen Sie wieder einmal alte Romane mit epischer Breite: von Thomas Mann, Robert Musil oder Dostojewski. Lassen Sie sich Zeit, auch Stimmungsschilderungen langsam in sich aufzunehmen.
- Spielen Sie mit Kindern oder Freunden Geduldsspiele.
- Nehmen Sie sich ein paarmal im Monat einige Stunden, um etwas zu malen oder zu zeichnen. Vielleicht besuchen Sie sogar einen entsprechenden Kurs.
- Stehen Sie mal vor Sonnenaufgang auf, um in der freien Natur den Tagesanbruch abzuwarten – ohne dabei irgendetwas Besonderes zu tun.
- Gehen Sie eine Strecke zu Fuß, die Sie sonst per Auto oder U-Bahn zurücklegen, oder fahren Sie wenigstens mit dem Fahrrad.
- Und wie wäre es mal mit einer langsamen Schiffsreise, statt in den Urlaub hin- und zurückzufliegen?

Vielleicht fallen Ihnen selbst noch einige Varianten ein, wie Sie – ohne sich zu verbiegen – etwas mehr Langsamkeit und Geduld üben können. Selbst ein Stau bietet dazu eine zwar unfreiwillige, aber ideale Gelegenheit. Keine Sorge: Weder laufen Sie Gefahr, einzurosten noch zur Schnecke zu mutieren. Die Schnelllebigkeit des Alltags wird Sie immer wieder ein- und überholen. Haben Sie auch damit Geduld!

Fragen zum Nachdenken

- Wobei bin ich besonders ungeduldig?

- Was habe ich mir im Leben durch Ungeduld und Nicht-warten-Können schon verdorben?
- Wobei könnte ich, möglichst spielerisch und kreativ, wieder etwas mehr Geduld und Langsamkeit üben?

GLEICHGEWICHT

Je höher die Wogen schlagen, umso wichtiger ist das Gleichgewicht eines Schiffes. Je vielfältiger die Aufgaben, je höher die Anforderungen, je komplexer der Arbeitsalltag und je zerrissener unser Leben, umso wichtiger auch für uns selbst, unser Gleichgewicht nicht zu verlieren. Während der rasanten Fahrt durch die Wellen des Alltags auf dem eigenen inneren Surfbrett stehen zu bleiben, wird eine immer größere Kunst. Oft ist einem die Bedeutung des Gleichgewichts gar nicht so bewusst, und man erkennt sie erst, wenn man das eigene verloren hat. In seinem Buch *Buddha und der Manager* schildert Werner Schwanfelder folgende asiatische Weisheitsgeschichte *Vom Gleichgewicht*:

> *Es war in den ersten Jahren des 20. Jahrhunderts, da kam ein Europäer zu einem chinesischen Meister und bat diesen, ihn in Kampfkünsten zu unterrichten. Der Meister willigte ein und ließ den Europäer langsame Bewegungen mit voller Konzentration durchführen. Der Europäer folgte zunächst willig. Nach drei Stunden ähnlicher Bewegungen verlor er jedoch die Geduld und protestierte. Er mahnte den Meister, dass er eigentlich Kampfübungen lernen wollte.*
>
> *Der Meister hieß ihn sich setzen. Nachlässig ließ er sich auf einer Bank nieder. Er fragte den Meister, wann er ihn*

Kampfesübungen lehren wollte. Doch der Meister fragte nur, ob er gut sitzen würde.

»Ja, sicher.«

Der Meister machte ihn auf seine Fehler aufmerksam: Der Rücken sei nicht gerade genug. Der Kopf sei nicht die Verlängerung der Wirbelsäule.

Der Europäer wollte sich auf diese Diskussion nicht einlassen. Er sei doch nicht gekommen, um das Sitzen zu lernen. Der Meister erklärte ihm, dass das Trainieren des Sitzens auch den Gleichgewichtssinn stärke. Das wollte der Europäer nicht einsehen. Was habe denn sitzen mit kämpfen zu tun? Gut zu sitzen sei die Bewahrung des Gleichgewichts, und während der Meister dies erläuterte, schob er den Europäer sanft an. Dieser kippte einfach von der Bank. Dann setzte sich der Meister auf die Bank und forderte den Europäer auf, ihn umzustoßen. Dieser versuchte es mit aller Kraft, doch er schaffte es nicht, den Meister auch nur einen Zentimeter zu bewegen. Da verlagerte der Meister plötzlich sein Gewicht und der Europäer stürzte zu Boden.

»Ich hoffe«, sagte der Meister, »Ihr habt nun die Bedeutung des Gleichgewichts für Leib und Seele erkannt.«

Es geht um die Bedeutung des Gleichgewichts für Leib und Seele: körperlich für den handfesten physischen Kampf, innerlich für die emotionalen und psychischen Konflikte. Besonders um Letztere geht es in der heutigen Zeit, um das Gleichgewicht im Spannungsfeld der verschiedenen Kräfte des Alltags: die Balance zwischen Arbeit und Familie, zwischen äußeren Anforderungen und eigenen Bedürfnissen, zwischen Vernunft und Emotion. Vor allem aber, wie in der Geschichte, bei unerwarteten Hieben und Schicksalsschlägen. Wie kann man lernen, bei all dem sein Gleichgewicht zu halten und nicht, wie der Europäer »zu Boden zu stürzen«?

Ein Schiff hält sein Gleichgewicht in den hohen Wellen durch seinen Kiel. Je tiefer dieser ins Wasser eintaucht, umso besser ist es davor gefeit zu kentern. Das Gleiche gilt im übertragenen Sinn für uns Menschen: Je größer unser Tiefgang, je stärker unser inneres Gegengewicht gegen allen äußeren Sog und die mannigfachen Alltagsturbulenzen, umso besser können auch wir unser Gleichgewicht halten und in Balance bleiben. Daher ist es so wichtig, rechtzeitig für dieses Gegengewicht zu sorgen, Zeit und Energie darin zu investieren und herauszufinden, wo man seinen inneren Halt finden und bei Sturm vor Anker gehen kann. (Mehr zu diesem Aspekt finden Sie in dem Kapitel »Tragender Halt«, S. 47.)

Im normalen Alltag können schon kleine Übungen helfen, sein Gleichgewicht wiederherzustellen und seine inneren Batterien wieder aufzuladen:

- Sich für fünf bis zehn Minuten ruhig hinsetzen, mit geschlossenen Augen langsam tief ein- und ausatmen.
- Einen kurzen Spaziergang machen.
- Eine Tasse Tee trinken.
- Etwas gute Musik hören.
- Eine Meditations- oder Entspannungstechnik anwenden.
- Eine Massage oder ein Saunabesuch.
- Ein Gespräch mit einem vertrauten Menschen.
- Ein gutes Essen in einem angenehmen Lokal.

... und sicher fallen Ihnen noch einige andere Möglichkeiten ein. Natürlich sind dies nur Hilfen bei geringem »Seegang«. Im Sturm kann es nötig sein, tiefer zu gehen oder mithilfe erfahrener Dritter sein Schiff in Balance zu halten. Je früher Sie begonnen haben, an Ihrem »Kiel« zu arbeiten, umso besser werden Sie auch bei stärkerem Seegang Ihren Kurs halten können. Lernen Sie also bei Zeiten, Ihr Gleichgewicht zu halten.

FRAGEN ZUM NACHDENKEN

- Was bringt mich im Leben leicht aus dem Gleichgewicht?
- Was hilft mir üblicherweise, mein Gleichgewicht zu halten oder es wiederzufinden?
- Was könnte und will ich tun, um mein inneres Gleichgewicht besser zu trainieren?

HEITERKEIT

In meiner Kindheit freute ich mich immer, wenn Rally zu uns zu Besuch kam, denn Rally, ein guter Freund meiner Eltern, hatte ein herrliches, durchdringendes Lachen, das unser ganzes Haus erfüllen konnte. Es war spontan, entlud sich von innen heraus wie ein Vulkan und war vor allem herzlich und erfrischend. Ich mochte Rally, nicht nur wegen seines fröhlichen Gemüts, sondern vor allem wegen seiner herrlichen Lachsalven. Noch heute, viele Jahre nach seinem Tod, höre ich in mir sein Gelächter nachhallen, und automatisch huscht mir dabei, in der lebendigen Erinnerung, ein wohltuendes Lächeln über das Gesicht.

Das Lachen ist dem Menschen angeboren. Selbst von Geburt an blinde Kinder lächeln spontan, ohne dass dies auf Imitation beruhen kann. Kinder lachen, so könnte man sagen, »hauptberuflich«, nämlich etwa 400-mal täglich. Doch dann scheint dem Menschen mit den Jahren das Lachen zu vergehen, denn Erwachsene sollen, Forschungsergebnissen zufolge, nur noch ungefähr 15-mal am Tag lachen oder lächeln. Tatsächlich wird im normalen Alltagsleben viel zu wenig gelacht, dabei scheint der Mensch das Lachen mehr denn je zu brauchen. Dieses Bedürfnis spiegelt sich zumindest in den Medien, die Millionen von Fernsehzuschauern in Deutschland mindestens zehn Programmstunden an Comedy-, Witz- und Humorsendungen bieten. Um die Bedeutung der Heiterkeit im Leben wusste schon der Philosoph Arthur Schopenhauer, der im 19. Jahrhundert schrieb:

> *Die Heiterkeit des Sinnes belohnt sich augenblicklich selbst. Wer eben fröhlich ist, hat allemal Ursache, es zu sein; nämlich eben diese, dass er es ist. Nichts kann so sehr wie diese Eigenschaft jedes andere Gut vollkommen ersetzen, während sie selbst durch nichts zu ersetzen ist. Einer sei jung, schön, reich und geehrt, so fragt sich, wenn man sein Glück beurteilen will, ob er dabei heiter sei; ist er hingegen heiter, so ist es einerlei, ob er jung oder alt, grade oder bucklig, arm oder reich sei: Er ist glücklich.*

Seit Jahrtausenden gilt Lachen als Medizin und Humor als Heilmittel, um unsere Körpersäfte in Balance zu bringen und inmitten aller Widrigkeiten und Unzulänglichkeiten des Daseins eine heiter-gelassene Gemütsverfassung zu gewinnen (so unter anderem das *Brockhaus-Lexikon* zum Stichwort »Humor«). Mittlerweile haben auch medizinische und wissenschaftliche Forschungen die positiven Wirkungen des Lachens und der Heiterkeit auf unsere physische und psychische Verfassung mehrfach belegt:

- Lachen aktiviert den ganzen Körper, steigert die Sauerstoffversorgung, baut die schädlichen Stresshormone Adrenalin und Cortisol ab, stärkt die Immunabwehrkräfte und fördert den Genesungsprozess von Kranken.
- Neben der Steigerung des Lebensgefühls bewirkt es psychische Entspannung: Solange man lacht, hat das Gehirn eine Erholungspause, bei der es die Alltagsprobleme ausblendet. Wer über sich selbst zu lachen lernt, entwickelt heilsamen Mut zur Unvollkommenheit und kann entspannter und gelöster durchs Leben gehen.
- Heiterkeit und Lachen erzeugen durch die Ausschüttung der Endorphin-Hormone Glücksgefühle.
- Menschen mit Sinn für Humor haben gegenüber den Widrigkeiten des Lebens eine Art Puffer, der ihnen hilft, auch

schwierige Situationen durchzustehen, ohne dass es an ihrer Stimmung nagt.

- Auch im Umgang mit anderen, sei es bei der ersten Begegnung oder bei Schwierigkeiten, kann Lachen und Heiterkeit Wunder wirken. Menschen, die viel lachen und andere zum Lachen bringen, sind nicht umsonst so beliebt, sowohl in geselligen Runden als auch im Geschäftsleben. Und neben allen Führungsqualitäten schätzen Mitarbeiter an ihrem Chef vor allem, wenn er Sinn für Humor hat und sie mit ihm lachen können – auch und gerade, wenn mal etwas schiefgelaufen ist.

Nutzen Sie also möglichst jede Gelegenheit wieder herzhaft zu lachen, und holen Sie Humor und Heiterkeit wieder in Ihr Leben! Denn man lacht nicht nur, wenn man fröhlich ist, sondern man wird auch fröhlich, wenn man lacht. Ein paar praktische Möglichkeiten hierzu wären:

- Lachen Sie, so oft Sie können mit anderen Menschen, denn gemeinsam fällt es vielfach leichter. Lächeln Sie Menschen auf der Straße, im Fahrstuhl oder in der U-Bahn freundlich zu. Sie werden erstaunt sein, wie oft diese zurücklächeln. Vor allem ältere Menschen können dafür dankbar sein wie für ein paar freundliche Worte.
- Erheitern Sie Ihr Leben mit humorvollen Filmen, TV-Sendungen, Kabarettbesuchen und heiteren Büchern, und erzählen Sie sich Witze (sofern Ihnen das liegt). Gegen das weit verbreitete Problem, dass man Witze so schnell wieder vergisst, kann auch ein Witzarchiv dienen: eine persönliche Sammlung von guten Witzen, die Sie sich am besten immer gleich notieren, wenn sie sie gehört haben. In manchen Firmen gibt es, nicht ohne Erfolg, den »Witz des Tages« – probieren Sie es mal aus.
- Sammeln Sie an einer Pinnwand – daheim oder am Arbeits-

platz Bilder von lachenden Menschen, von heiteren Gesichtern und guten Cartoons. Jedes Mal, wenn sie daran vorbeigehen, könnte ein Lächeln über Ihr Gesicht huschen. Allerdings sollte ab und zu ein Newcomer dort angebracht werden, sonst wirkt es nach einer Weile nicht mehr.

- Entwickeln Sie vor allem Humor in eigenen Angelegenheiten. Je mehr Sie die Fähigkeit besitzen, über sich selbst oder eine widrige Situation lachen zu können, umso gelöster wird Ihr Leben und umso besser werden Sie unerwartete Missgeschicke meistern können. In vielen Fällen mag das gar nicht leichtfallen; besonders, wenn etwas richtig schiefgelaufen ist, wäre die normale Reaktion, sich zu ärgern. Natürlich können Sie das tun. Sie können aber auch mit anderen Möglichkeiten trainieren. Nehmen Sie etwas Abstand, gehen Sie ein Paar Schritte weg, schauen Sie sich selbst in Gedanken von außen zu, und versuchen Sie über sich und Ihre »Tragödie« zu lächeln. Auch wenn Ihnen am Anfang gar nicht zum Lachen zumute ist – vielleicht entdecken Sie tatsächlich eine witzige Perspektive. (Mehr zu diesem Aspekt finden Sie in dem Kapitel »Relativität der Dinge«, S. 131.)
- Sogar künstliches Lächeln kann Wunder wirken: Eine Minute reicht schon dafür! Schauen Sie auf eine Uhr mit Sekundenzeiger, dann in den Spiegel und lächeln Sie sich selbst zu, auch wenn Ihnen gerade überhaupt nicht danach zumute ist. Ziehen Sie einfach die Mundwinkel nach oben, zeigen Sie Ihre Zähne, und kneifen Sie gleichzeitig die Augen etwas zusammen, sodass Lachfalten in den Augenwinkeln entstehen. Mit diesem simulierten Lächeln überlisten Sie Ihr Gehirn. Es reagiert ähnlich positiv wie auf ein wirkliches Lächeln mit der Ausschüttung von Glückshormonen. – Übrigens ein hervorragendes Mittel, um Ärger abzumildern. Machen Sie es sich ruhig zur Grundregel: Wenn möglich, erst lächeln, dann reagieren!

Im Übrigen gilt: Alles, was Sie heiter stimmt, ist gut. Und je heiterer Sie im Leben sind, desto weniger andere Dinge benötigen Sie für Ihre Zufriedenheit. Das wusste nicht nur Schopenhauer, das haben viele andere auch erfahren – erlauben Sie es sich doch auch!

Fragen zum Nachdenken

- In welchen Momenten bin ich besonders heiter? Wobei fällt mir Humor, auch in eigener Sache, leicht?
- Welche Form von Heiterkeit stört mich bei anderen?
- Welche Möglichkeiten sehe ich, mehr Humor und Lachen in mein Leben zu bringen – sofern ich es möchte?

VERZEIHEN

Wenn uns jemand Unrecht getan oder uns verletzt hat, ist unser normaler Impuls, mit Ärger, Wut oder Groll zu reagieren. Eine Art innerer Automatismus scheint einen zu zwingen, die Sache der anderen Person nachzutragen und es ihr möglichst spürbar »heimzuzahlen«. »Das wirst du bereuen«, spricht eine innere Stimme, die einen nicht loslassen will, bis man durch adäquate »Rache« Genugtuung erlangt hat. So scheint eine dem Menschen angeborene innere Software zu funktionieren, die weltweit über Jahrtausende viel Zerstörung und Leid bewirkt hat, immer im Zeichen vermeintlich gerechter Rache: Akte der Blutrache und Stammesfehden, die zur Auslöschung ganzer Völker geführt haben, Vergeltungsschläge des Terrors und viele andere schreckliche Unternehmungen – im Namen Gottes, der Gerechtigkeit oder sogar der Liebe ... »Auge um Auge, Zahn um Zahn«, so steht es schon in der Bibel, im Alten Testament, und geschrieben oder ungeschrieben gilt es auch in fast allen anderen Kulturen der Erde. – Ganz anders die Botschaft Jesu hierzu im Neuen Testament:

> *Jesus wurde von Petrus gefragt, wie oft er seinem Bruder vergeben solle, wenn dieser an ihm gesündigt habe, ob siebenmal genug seien. Doch Jesus antwortete: »Nicht siebenmal, sondern siebzig mal siebenmal.« – Das Himmelreich sei gleich einem König, der mit seinen Knechten*

abrechnen wollte. Einem seiner Knechte, der ihm zehntausend Pfund schuldete, drohte er die härtesten Folgen an, falls er nicht bezahlen würde. Doch auf dessen Bitten und Flehen bekam er Erbarmen und erließ ihm all seine Schuld. Derselbe Knecht aber begegnete kurz darauf einem seiner Mitknechte, der ihm die geringe Summe von hundert Silbergroschen schuldete. Als er diesen nun aufforderte seinerseits zu bezahlen, bat ihn der Mitknecht inständig um Geduld und Aufschub. Doch der Knecht selbst blieb hart und warf ihn in den Schuldturm, um ihn zur Zahlung zu zwingen. Als nun der König davon erfuhr, ließ er den Knecht zu sich rufen und sprach: »Du Schalksknecht, all diese Schuld habe ich dir erlassen, weil du mich batest, hättest du da nicht auch Erbarmen haben sollen über deinen Mitknecht, wie ich mich über dich erbarmt habe?« In seinem Zorn ließ nun auch der König den Knecht in den Schuldturm werfen, bis er bezahlt habe, was er schuldig war. So werde auch der himmlische Vater handeln, wenn jemand nicht von Herzen seinem Bruder vergebe.

Nach Matthäus 18, 21–35

Ein hohes Ideal, das fast lebensfremd und übermenschlich klingt. Wie schwer es ist, entsprechend zu handeln, zeigt die gesamte Geschichte des Christentums, die voller Zerstörungs- und Vergeltungsakte ist, obwohl die Vergebung auf seinen Fahnen stand.

Anscheinend sind wir hier immer wieder mit einem verhängnisvollen psychologischen Mechanismus konfrontiert: Selbst wenn man verzeihen will – die erlittene Tat lässt sich nun mal nicht einfach aus unserer Erinnerung löschen wie ein Dokument auf der Festplatte des Computers. Und je größer die eigene Verletzung, desto zerstörerischer die Rachegedanken. Wie ein mächtiger innerer Zwang, dem zu widerstehen alles andere als leicht ist. Und natürlich stellt sich jenseits von moralischen Imperativen die ganz pragmatische Frage: Warum überhaupt vergeben? Und wenn, wie funktioniert das denn?

Wie mittlerweile psychologische Forschungen bestätigt haben, ist es keineswegs notwendig, Verzeihen und Vergeben religiös oder moralisch zu begründen. Es ist Ausdruck psychischer Reife und Einsicht, und wir tun es letztlich um unserer selbst willen, damit es uns seelisch besser geht. Warum?

- Durch den Akt des Vergebens befreien wir uns davon, emotional an die andere Person gebunden zu bleiben und jedes Mal negative Gefühle zu bekommen, wenn wir an sie denken. Wir setzen damit viel blockierte Lebensenergie frei, die wir für sinnvollere Ziele einsetzen können, als auf Rache zu sinnen, die letztlich nichts bringt, als meistens die Angelegenheit noch zu verschlimmern. Nachsehen ist gewissermaßen viel leichter als Nachtragen.
- Wir können wieder die Verantwortung für uns und unsere Handlungen übernehmen und auf die infantile Opferrolle verzichten, die nach dem sinnlosen Motto deklamiert: »Mir geht es schlecht, weil ...« Erst wenn wir diese Haltung loslassen, sind wir wieder handlungsfähig. Und dieser Akt ist kein Zeichen innerer Schwäche, im Gegenteil: Verzeihen ist eine Eigenschaft des Starken. Der Schwache kann nicht verzeihen. Das vermittelte schon Mahatma Gandhi.

Wer also erfüllter und innerlich friedvoller leben will, tut gut daran anderen zu vergeben. Doch ist dies keineswegs leicht, und unsere natürliche Programmierung scheint dies zunächst nicht zu unterstützen. Letztlich erfolgt der Prozess des Vergebens in drei Phasen: »Weg vom anderen – hin zu sich selbst – und dann wieder zurück«. Das heißt:

- Als erstes gilt es, innerlich von der anderen Person, die uns etwas angetan hat, auf Distanz zu gehen, um uns emotional zu lösen. In der Regel ist dafür auch eine räumliche Trennung hilfreich.

- In uns selbst gilt es nun, die verletzende Handlung des anderen einerseits und die persönlich erlittene Verletzung zu unterscheiden und voneinander getrennt zu sehen. Den eigenen Schmerz gilt es dann zu verarbeiten: ihn zu durchleben, zu erforschen und, soweit möglich, für sich zu heilen. Dies ist mit Sicherheit der schwierigste Schritt und bedarf, gerade bei schweren Verletzungen, sinnvollerweise der professionellen Unterstützung eines Coaches oder Therapeuten. Dennoch: Es ist ein Prozess, bei dem man viel gewinnen und seelisch unbewältigte Dinge aus der Vergangenheit verarbeiten kann.
- Erst danach können wir mit unserer Aufmerksamkeit zur anderen Person zurückkehren und versuchen, soweit möglich, sie und ihre Handlungsweise zu verstehen. Und Verstehen hat mit Recht-haben-Wollen nichts mehr zu tun. Wenn Sie es schaffen, die andere Person intellektuell und womöglich sogar emotional zu verstehen, dann ist die Vergebung nicht mehr schwer. Hierbei geht es um einen Versuch, sich in den anderen hineinzuversetzen, seine Beweggründe und Sichtweise nachzuvollziehen, ja womöglich sogar Mitgefühl für ihn zu entwickeln. Verständnis und Mitgefühl sind gewissermaßen das Tor zur Vergebung. Und zwar unabhängig davon, ob die andere Person Einsicht und Reue zeigt oder sogar um Vergebung bittet – mag uns in diesem Fall das Verzeihen auch leichterfallen.

Wohlgemerkt, Verzeihen ist keineswegs leicht. Ich selbst habe oft genug erfahren, wie schwer es mir fiel, jemanden innerlich zu »entlassen«, der mir Unrecht getan hatte. Und doch, wenn es mir gelang, ging es mir danach wesentlich besser. Versuchen auch Sie es, wenn es geboten ist: Es lohnt sich – um Ihrer selbst willen!

Fragen zum Nachdenken

- Bei welchen Personen fiel es mir bisher am schwersten, ihnen zu verzeihen, und warum?
- Habe ich schon die Erfahrung gemacht, was es bewirkt, jemandem wirklich zu vergeben, und wie ging es mir danach?
- Wem möchte ich gerne verzeihen? Was hindert mich innerlich noch daran? Wie könnte ich diesen Schritt vielleicht doch schaffen?

PERSÖNLICHES WACHSTUM

Der Reifungsprozess der eigenen Persönlichkeit, das eigentliche innere Wachstum eines Menschen gehört zu den schwierigsten Herausforderungen im Leben. Es braucht Zeit dazu, viel Geduld, vor allem aber die innere Bereitschaft, sich weiterzuentwickeln, eigene Fehler zu sehen und sich diese einzugestehen, die Verantwortung dafür zu übernehmen und zu lernen, damit zu leben. Häufig geht es einem dabei wie in folgender *Autobiographie in fünf Kapiteln* des tibetischen Mönches Sogyal Rinpoche:

1. *Ich gehe die Straße entlang.*
   Da ist ein tiefes Loch im Gehsteig.
   Ich falle hinein.
   Ich bin verloren ... Ich bin ohne Hoffnung.
   Es ist nicht meine Schuld.
   Es dauert endlos, wieder herauszukommen.
2. *Ich gehe dieselbe Straße entlang.*
   Da ist ein tiefes Loch im Gehsteig.
   Ich tue so, als sähe ich es nicht.
   Ich falle wieder hinein.
   Ich kann nicht glauben, schon wieder am gleichen Ort zu sein.
   Aber es ist nicht meine Schuld.
   Immer noch dauert es lange, herauszukommen.

3. *Ich gehe dieselbe Straße entlang.*
   Da ist ein tiefes Loch im Gehsteig.
   Ich sehe es.
   Ich falle immer noch hinein … aus Gewohnheit.
   Meine Augen sind offen.
   Ich weiß, wo ich bin.
   Es ist meine eigene Schuld.
   Ich komme sofort heraus.
4. *Ich gehe dieselbe Straße entlang.*
   Da ist ein tiefes Loch im Gehsteig.
   Ich gehe darum herum.
5. *Ich gehe eine andere Straße.*

Diese fünf Kapitel schildern metaphorisch sehr gut den psychologischen Prozess, der auf dem Weg des persönlichen Wachstums abläuft – man könnte sagen, dass auch dieser Prozess in fünf Stufen erfolgt:

- *Erste Stufe:* Auf unserem Lebensweg tappen wir leicht in die Falle, automatisch bestimmten Reaktionsmustern zu folgen, die wir meist in früher Kindheit ausgebildet haben, als irgendetwas für uns »nicht gut gelaufen« ist oder wir innerlich verletzt wurden. Ohne dass wir es merken, kommt es dann später zu einer Überreaktion, bei der wir der festen Ansicht sind, jemand anderes trage die Schuld, und es dauert in der Regel lange, bis wir uns wieder beruhigt haben. Hat ein Mensch (nennen wir ihn Mr. X) beispielsweise als Baby immer wieder die schmerzhafte Erfahrung machen müssen, dass er nicht zur anstehenden Zeit gestillt wurde, obwohl er laut geschrien hat, dann könnte es sein, dass sich aus dieser schmerzhaften Erfahrung ein Muster bildet, das diesen Menschen sein Leben lang begleitet. Möglicherweise hat diese Person später ein massives Problem, wenn sie in einem Lokal nicht rechtzeitig und angemessen bedient wird. Es kann nun beispielsweise vorkommen, dass Mr. X eines schönen Abends gutgestimmt mit seiner Angebeteten in einem Restaurant Platz nimmt, aber der Kellner nicht innerhalb einer für Mr. X angemessenen Zeit kommt, um nach den Wünschen zu fragen. Als er schließlich auftaucht, ist Mr. X möglicherweise schon verstimmt. Muss er danach auch noch lange auf die bestellten Getränke warten, dann kann es sein, dass er sich so aufregt, dass er dem Ober eine Szene macht und wutentbrannt das »miserable« Lokal verlässt, gefolgt von seiner völlig verblüfften Begleitung. Möglicherweise gerät er auch noch mit ihr in einen Streit, weil sie gewagt hat, sein Verhalten etwas »übertrieben« zu finden, oder gar noch den »armen« Kellner in Schutz zu nehmen – und der Abend ist ruiniert. Schuld – so Mr. X' tiefste Überzeugung – ist allein der »idiotische« Kellner. Er dagegen ist ein – sogar von seiner Angebeteten – unverstandenes »Opfer« der äußeren Umstände, verloren und ohne Hoffnung, keinesfalls aber schuld daran. Seinem besten Freund wird er die ganze Sache vielleicht am nächsten Tag entsprechend berichten, also sein »Opferlied« singen. Und wenn der Freund ihn nur allzu gut versteht und ihn bestätigt, ist der nächste Sturz in das Loch im Gehsteig schon vorprogrammiert.

- *Zweite Stufe:* Die immer noch unbewusste Wiederholung desselben Dramas. Noch immer verschließt Mr. X die Augen, ist erschüttert, dass ihm die gleiche Geschichte schon wieder passiert. Vielleicht wundert er sich sogar, warum immer er so etwas erleben muss, während alle anderen in den Lokalen rechtzeitig bedient werden oder sich über die »Achtlosigkeit« und Langsamkeit der Kellner gar nicht aufzuregen scheinen. – Solange man den eigenen Anteil und das zugrunde liegende Muster nicht erkennt und demzufolge weiterhin die Schuld und Verantwortung abschiebt, ist die Wiederholung dieses Trauerspiels fast vorprogrammiert. Bei manchen Menschen zieht es sich dann wie ein roter Faden durchs ganze

Leben. Es sei denn, man schafft – von selbst oder mithilfe ehrlicher Dritter – den nächsten Schritt auf die …

- *Dritte Stufe:* Die Stufe der Erkenntnis. Erst, wenn man weiß, was man tut, kann man anfangen, etwas anderes zu tun. Die einzige Möglichkeit, den geschilderten Teufelskreis zu durchbrechen, ist es, sich des (automatisierten) Vorgangs bewusst zu werden, die eigenen Muster und Ursachen zu erkennen und die Verantwortung dafür zu übernehmen, das heißt, nicht mehr andere oder die Umstände dafür verantwortlich zu machen. Auf dieser Stufe verstummen demzufolge auch die Opferlieder. Nun wird man versuchen, sich beim nächsten Mal anders zu verhalten, also das Loch im Gehsteig zu vermeiden – doch: obwohl man es sieht, fällt man doch noch einige Male aus Gewohnheit hinein. Denn Erkenntnis allein heilt noch nicht, und in Stresssituationen oder wenn wir nicht ganz wach sind, übernehmen die alten Muster wie ein Autopilot wieder das Steuer. Dies ist aber nicht mehr so gravierend: Wenn Mr. X die Augen offen hat, weiß er, was gerade geschieht, und kann erkennen, dass es sein Verhaltensmuster ist, das sich wieder austoben will, und er kann daraus sofort Konsequenzen ziehen, also die Strategie und sein Verhalten ändern. Möglicherweise entschuldigt er sich nach ein paar Minuten beim Kellner, den er kurz vorher »zur Schnecke« gemacht hat. (Was dann vielleicht auch bei seiner Begleiterin Eindruck machen könnte, denn etwas selbst zu erkennen und sich zu entschuldigen, erfordert Souveränität und innere Größe.) – Und mit jedem Mal wächst die Chance, es das nächste Mal anders zu machen:
- *Vierte Stufe:* Wieder taucht das Muster auf, doch man kann es nun mit dem neuen Bewusstsein dafür umgehen. Das wäre der Tag, an dem Mr. X im Lokal wahrnimmt, dass er gerade wieder anfängt, sich über den unaufmerksamen Kellner ärgern zu wollen, erkennt, was gerade abläuft, es vielleicht schafft,

darüber zu lächeln, und ganz freundlich bittet, etwas bestellen zu können, bis er eines Tages, meist unbewusst (!), die ...

- *Fünfte Stufe* erreicht hat: Das Muster greift nicht mehr. Er sitzt im Lokal, nimmt gelassen zur Kenntnis, dass der Ober ihn anscheinend noch nicht bemerkt hat oder sich mit einem Kollegen gut unterhält, und macht mit ruhigem Ton auf sich aufmerksam. Er geht also eine andere »Verhaltensstraße«.

All dies kann einige Zeit dauern. Die Wegweiser sind: Achtsamkeit, Offenheit, Neugier, Bereitschaft, seine Muster zu erkennen und sein Verhalten zu ändern, und vor allen Dingen möglichst viel Humor in eigener Sache!

Fragen zum Nachdenken

- In welche Löcher auf meinem Gehsteig falle ich immer wieder hinein, mit anderen Worten: Welche Ereignisse bringen mich immer wieder aus der Fassung, und wie verhalte ich mich dann?
- Wann habe ich schon erlebt, dass es mir geholfen hat, mitten in der Situation zu erkennen, was gerade ablief, und dadurch »auszusteigen«, also meine gewohnte Verhaltensweise zu ändern?
- Wo schaffe ich es schon, um ein Loch im Gehsteig herumzugehen oder gar eine andere Straße einzuschlagen – welche Muster habe ich bereits integriert beziehungsweise hinter mir gelassen?

GLÜCK

Wie die meisten Menschen bin auch ich in meinem Leben auf der Suche nach all dem, wovon ich mir verspreche, dass es mich in irgendeiner Weise »glücklich« macht. Vielen Dingen bin ich nachgerannt, die sich im Augenblick, da ich sie erreicht hatte und erlebte, leider oft als gar nicht so beglückend und erfüllend erwiesen, wie ich es erhofft hatte. Auch all die Umstände, die einem von der Werbung, den Medien und den gesellschaftlichen Idealvorstellungen als glücksbringend verheißen wurden, erwiesen sich sehr selten als solche. Andererseits machte ich wiederholt die Erfahrung, dass ich ohne Anstrengung und Zutun, manchmal in ganz banalen Situationen, einfach tief zufrieden und glücklich war. Und immer wieder stellte sich mir die Frage: Was macht es denn nun eigentlich aus, dass man glücklich ist? Bis heute habe ich noch keine abschließende Antwort gefunden.

Auch in der Öffentlichkeit lief – so scheint es – in den letzten Jahren die Glücksforschung auf Hochtouren. Noch nie sind so viele Bücher zum Thema Glück erschienen, viele von ihnen wurden zu Bestsellern, und das wohl aus einem ganz verständlichen Grund: Kaum etwas erscheint uns erstrebenswerter, als glücklich zu werden, und so sind alle Ratgeber und Hilfestellungen hierzu willkommene Wegweiser. Eines der kurzweiligsten Bücher hierzu, das mit viel Humor und zugleich Tiefgang geschrieben wurde, ist das 2004 erschienene Buch des französischen Psychologen François Lelord mit dem Titel *Hectors Reise oder die Suche nach dem Glück*. Hector, ein Psychiater geht auf Forschungsreise um die Welt, um herauszufinden, was das Glück der Menschen ausmache. Seine Erkenntnisse notiert er in insgesamt 23 kurzen Lektionen, die jeweils nur aus einem Satz bestehen. Sie lassen sich in folgende drei Gruppen zusammenfassen:

I. *Lektionen, die die innere Einstellung und vor allem die Illusionen über das Glück betreffen:*
»Glück ist eine Sichtweise auf die Dinge. – Vergleiche anzustellen ist (dabei) ein gutes Mittel, sich sein Glück zu vermiesen. (Vor allem) Rivalität ist ein schlimmes Gift für das Glück. Viele Leute denken, Glück bedeutet, reicher und mächtiger zu sein ...(und)... sehen ihr Glück nur in der Zukunft. (Dabei) ist es ein Irrtum zu glauben, Glück wäre das Ziel. Glück kommt oft überraschend.«

II. *Lektionen über die wichtigsten Faktoren des Glücks:*
»Glück ist, wenn man eine Beschäftigung hat, die man liebt, (und) wenn man mit Menschen zusammen ist, die man liebt, (während) Unglück ist, von Menschen, die man liebt, getrennt zu sein. Glück ist (auch), wenn man an das Glück der Leute denkt, die man liebt. Glück ist, wenn man spürt, dass man den anderen nützlich ist, (und) dass man sich um das Glück der anderen kümmert. (Schließlich) ist Glück, wenn man dafür geliebt wird, wie man eben ist.«

III. *Lektionen, die zeigen, dass das Glück auch im Kleinen zu finden ist:*
»Glück, das ist eine gute Wanderung inmitten schöner unbekannter Berge. Sonne und Meer sind ein

Glück für alle Menschen. Glück ist, wenn man richtig feiert, (und immer) wenn man sich rundum lebendig fühlt.«

Mit Sicherheit ließe sich über das Glück noch sehr viel mehr sagen. Doch wenn es gelingt, nur einige der genannten Erkenntnisse ab und an zu leben, dann könnte man vermuten, dass dem eigentlichen Glück nicht mehr viel im Weg steht:

- Wenn man nämlich erkennt, dass die Fähigkeit, Glück zu erleben, in erster Hinsicht eine Frage der subjektiven Einstellung ist. Der Pessimist schafft es nicht, trotz allen Erfolgs und Reichtums, an einem noch so schönen Ort, umgeben von den ihm liebsten Menschen glücklich zu sein. Und solange wir glauben, wir müssten erst noch dieses oder jenes erreichen, um endlich das Glück zu erfahren, werden wir den einzigen Augenblick verpassen, in dem Glück möglich ist, nämlich die Gegenwart, in der sich das Glück ganz oft, völlig unspektakulär und überraschend einstellen kann.
- Wenn man grundsätzlich seine Arbeit liebt (mögen dabei auch immer wieder Probleme und Herausforderungen auftreten), wenn man immer wieder mit Menschen zusammen sein kann, die man mag oder gar liebt, und wenn man merkt, dass man diesen und auch anderen, die es brauchen, etwas geben kann, damit das eigene Leben sinnvoller wird, und wenn man schließlich auch ein paar Menschen kennt, die einen einfach so nehmen und mögen, wie man ist, dann hat man wohl die wichtigsten Zutaten eines erfüllten Lebens, in dem man sich dieser Glücksfaktoren immer wieder bewusst werden und sie genießen kann.
- Wenn man schließlich sich immer wieder aufmacht, das eigene Leben mit Unternehmungen und Dingen zu würzen, bei denen man Glück erfahren kann: in der Natur, bei schöner Musik, bei einer Feier oder irgendetwas, von dem Sie wissen,

das es Sie belebt und erfreut ... das ist dann die Schlagsahne auf der eigenen Glückstorte, für deren Qualität ein einziger verantwortlich ist: Sie selbst.

Lassen Sie also das Glück zu, das Sie schon in Ihrem Leben haben, lassen Sie die Glücksillusionen, die Ihnen nur die Gegenwart vermiesen, los, und sorgen Sie für die richtigen Zutaten Ihrer persönlichen »Glückstorte«.

Fragen zum Nachdenken

- Mit welchen Illusionen und Sichtweisen tendiere ich selbst dazu, mich von der Erfahrung des Glücks abzuhalten?
- Welche der maßgeblichen Glücksfaktoren sind eigentlich in meinem Leben vorhanden, und wo könnte ich etwas verändern?
- Bei welchen kleinen Unternehmungen oder Anlässen bin ich besonders glücklich? Sorge ich dafür, mein Leben damit ausreichend zu würzen?

HIMMEL UND HÖLLE

Viele religiöse und geistige Traditionen verwenden die Vorstellung eines paradiesischen Himmelsreiches und als Gegenpol die einer schrecklichen und qualvollen Hölle. In vielfältiger und unterschiedlichster Weise werden diese beiden geschildert, und immer wieder gab es Bestrebungen, Erkenntnisse und Einsichten darüber zu gewinnen, so auch bei dem Samurai in der folgenden Geschichte.

An die Pforten eines Zen-Klosters hoch oben im Gebirge klopfte eines Tages ein Mann, der dringend darum bat, zum Meister vorgelassen zu werden, da er eine lebenswichtige Frage an diesen habe. Er wolle wissen, was Himmel und Hölle seien. Der Mann war ein edler und berühmter Samurai mit der erkennbaren Haltung und Erwartung, dass seinem Anliegen sofort stattgegeben werde. Doch zu seinem Erstaunen und Verdruss ließ man ihn warten, erst tagelang, dann wochenlang. Jeden Tag von neuem kam er, klopfte und forderte mit wachsendem Ärger, endlich den obersten Zen-Mönch sprechen zu dürfen. Schließlich wurde er zum Meister gerufen, der ihm jedoch nur gebot, sich auf den Boden zu werfen und ihn einen elenden und widerlichen Wurm schimpfte, der nicht würdig sei, angehört zu werden, und das Kloster mit seiner Gegenwart nur verunreinigen würde. Das war zu viel für den Samurai.

> *Wutentbrannt und außer sich vor Zorn sprang er auf, zog sein Schwert und wollte den Zen-Meister erschlagen. Kurz bevor die Klinge auf den Mönch niedergehen sollte, blickte dieser auf, sah den Samurai mit einem weisen Lächeln an und sagte: »Genau jetzt bist du in der Hölle.« – Da durchfuhr es den Ergrimmten, er begriff, ließ sein Schwert beschämt sinken, sank auf die Knie und bat den Meister, ihm zu vergeben. Da lächelte dieser wieder und sprach: »Und genau jetzt bist du im Himmel.«*

Himmel und Hölle stehen hier nicht erst für das »Jenseits«, sondern dienen als Metaphern für mögliche Zustände unserer inneren emotionalen und seelischen Verfassung. Beide Extreme scheinen in uns angelegt und bewusst oder unbewusst erlebbar. »Wo viel Licht ist, ist auch viel Schatten«, und manchmal kann es erstaunlich sein, wie nahe beide Zustände im Leben beieinander liegen und in uns Raum greifen können. Nach allen Erkenntnissen der Weisheit und der Psychologie ist es nicht möglich, sich ganz von diesen Schattenseiten zu befreien. Doch kann man lernen, sie zu erkennen, sich ihrer bewusst zu werden und sie zu integrieren. Erkenntnis und Bewusstheit sind dabei, wie in der Geschichte, der erste Schritt in Richtung auf die Wiederbelebung der »himmlischen« Seite in uns.

Nicht nur im Umgang mit uns selbst sind Bewusstheit und Einsicht wichtige Schlüssel, sondern auch in der Begegnung mit anderen Menschen. Die Schattenseiten anderer auszuhalten ist wohl eines der schwierigsten Dinge im Leben. Wenn wir jemanden neu kennen lernen, projizieren wir oft unbewusst unsere idealisierte Wunschvorstellung auf unser Gegenüber. Die Schattenseiten und das Potenzial der »Hölle« im anderen Menschen werden nur zu gerne ausgeblendet, was dann nach einer Weile häufig zu einem bösen Erwachen führt, wenn wir plötzlich damit konfrontiert werden. Wie kann man damit umgehen, wenn man eine gewachsene Freundschaft oder Beziehung auf gute Weise erhalten will? Vielleicht, indem man sich der eigenen (wenn auch nur verborgenen) »Hölle« im obigen Sinn bewusst ist und indem man versucht, dem Freund nicht nachzutragen, was einem von dessen dunkler Seite getroffen hat, und sich im Gegenzug all das immer wieder in Erinnerung bringt, was einem vom »Himmel« im anderen begegnet ist. Etwa wie in der Geschichte von den beiden Freunden:

Zwei Freunde wanderten durch die Wüste. Während der Wanderung kam es zu einem Streit, und der eine schlug dem anderen im Affekt ins Gesicht. Der Geschlagene war gekränkt. Ohne ein Wort zu sagen, kniete er nieder und schrieb folgende Worte in den Sand:

»Heute hat mich mein bester Freund ins Gesicht geschlagen.«

Sie setzten ihre Wanderung fort und kamen bald darauf zu einer Oase. Dort beschlossen sie beide, ein Bad zu nehmen. Der Freund, der geschlagen worden war, blieb auf einmal im Schlamm stecken und drohte zu ertrinken. Aber sein Freund rettete ihn buchstäblich in letzter Minute.

Nachdem sich der Freund, der fast ertrunken war, wieder erholt hatte, nahm er einen Stein und ritzte folgende Worte hinein:

»Heute hat mein bester Freund mir das Leben gerettet.«

Der Freund, der den anderen geschlagen und auch gerettet hatte, fragte erstaunt: »Als ich dich gekränkt hatte, hast du deinen Satz nur in den Sand geschrieben, aber nun ritzt du die Worte in Stein. Warum?«

Der andere Freund antwortete: »Wenn uns jemand gekränkt oder beleidigt hat, sollen wir es in den Sand schreiben, damit der Wind des Verzeihens es wieder auslöschen kann. Aber wenn jemand etwas tut, was für uns gut ist, dann können wir es in einen Stein gravieren, damit kein Wind es jemals auslöschen kann.«

Fragen zum Nachdenken

- Wann haben auch Sie schon mal, wie der Samurai, »Hölle« und »Himmel« in sich erfahren?
- Welche »Schläge« anderer könnten Sie besser »in den Sand schreiben«, statt sie weiter nachtragend mit sich herumzuschleppen?
- Welche Taten anderer könnten Sie noch besser »in Stein ritzen«, um sie nie zu vergessen?

PROBLEME LÖSEN

Nicht selten begegne ich der Frage, wie ich zu den Lügengeschichten meines Vorfahren, Hieronymus von Münchhausen stehe. Und in der Tat: Abgesehen von ihrer offensichtlichen Unwahrheit und dem teilweise völlig überzogenen Fantasiegehalt enthalten sie einige anschauliche Metaphern mit inspirierendem symbolischen Gehalt. Vor allem das Bild, »sich am eigenen Schopf aus dem Sumpf zu ziehen«, kann dafür stehen, zunächst immer zu versuchen, die eigenen Probleme selbst zu lösen, und nicht automatisch zu erwarten, dass andere einem helfen. Was physikalisch natürlich nicht möglich ist, ist psychologisch durchaus machbar. Selbstverständlich gibt es Probleme, die ohne die Hilfe anderer nicht lösbar sind, zum Beispiel bei Unfällen, Krankheiten und manchen Angelegenheiten, die Expertenwissen erfordern. Doch entscheidend ist die Grundhaltung, zunächst für sich selbst sorgen zu können, die Verantwortung für sich zu übernehmen und – soweit möglich – sich am eigenen Schopf (mit eigenen Mitteln) aus dem Sumpf seiner Probleme zu ziehen. Wer das im Leben gelernt hat, kann auch besser anderen helfen, und in der Regel auch erst dann. Der chassidische Rabbi Shelmo soll gesagt haben:

> *Wenn du einen Mann aus Schlamm und Dreck herausholen willst, glaube nicht, dass es genug wäre, oben zu stehen und ihm eine helfende Hand herunterzureichen.*

Du musst selbst den ganzen Weg von Schlamm und Dreck hinuntergehen. Dann ergreife ihn mit starken Händen und ziehe ihn und dich selbst heraus ins Licht.

In den meisten Fällen ist es wirklich schwer, wenn nicht gar unmöglich, Probleme anderer zu lösen beziehungsweise ihnen bei deren Lösung zu helfen, wenn man diese Probleme nicht selbst durchlebt und zu lösen gelernt hat. So sind auch oft die besten Lehrer und Dozenten nicht die, die ihr Fach mühelos mit Spitzennoten abgeschlossen haben, denn sie kennen selten die wirklichen Probleme, Mühen und Ängste der meisten Schüler oder Studenten. Der Überflieger kann den Weg durch die Täler, die er nur überflogen hat, schlecht weisen. Vielmehr sind die besten Didaktiker oft diejenigen, die selbst mit der Materie gerungen und die Schwierigkeiten erfahren haben, sich den Stoff anzueignen. Nachdem sie alle realen und psychologischen Hindernisse dieses Lernprozesses gemeistert haben, können sie nun andere an die Hand nehmen, um ihnen durch die »Sümpfe« des jeweiligen Studiums zu helfen. – Grundsätzlich hat auch jeder gute Therapeut selbst viel therapeutische Arbeit in eigener Sache bewältigt, bevor er anderen helfen kann, mit den Wirren und Problemen der Psyche und des Seelenlebens klarzukommen.

Natürlich gilt das nicht in allen Bereichen: Ein guter Arzt muss keineswegs alle Krankheiten erlitten haben, die er an seinen Patienten heilen will. Dennoch: Jede Schwierigkeit, die man gemeistert hat, jedes Problem, das zu lösen man gezwungen war, jeder »Schlamm«, durch den man gegangen ist, befähigt einen mehr, auch andere mit starken Händen herauszuziehen. Damit soll keineswegs die Schwere einer Krise oder die Tragik des »Im-Sumpf-Steckens« gemildert oder beschönigt werden. Doch kann es einen Funken Hoffnung und Mut geben, wenn man weiß und erfahren hat, dass gerade diese Zeiten und inneren Prozesse einen stark machen im Leben – für einen selbst und für andere. (Mehr zu diesem Aspekt finden Sie im Kapitel »Schicksalsschläge«, S. 159.)

Fragen zum Nachdenken

- In welchen Bereichen gelingt es mir gut, mich »am eigenen Schopf aus dem Sumpf« meiner Probleme zu ziehen?
- In welchen Angelegenheiten kann ich aufgrund eigener Erfahrung mit den jeweiligen Problemen anderen Menschen gut helfen?
- Welche Krisen im Leben haben mich stark gemacht?

DAS WESENTLICHE ERKENNEN

Nicht wenige Menschen ließen sich im Laufe der Geschichte und lassen sich noch heute von Rang und Namen beeindrucken. Wer in einer wichtigen Position ist oder mit den entsprechenden Titeln daherkommt, dem öffnen sich weltweit die Türen. Ganz anders in der folgenden Geschichte:

Keichu, der große Zen-Lehrer der Meiji-Ära, war das Oberhaupt von Tofuku, eines Tempels in Kyoto. Eines Tages besuchte ihn der Gouverneur von Kyoto zum ersten Mal.

Sein Assistent präsentierte die Visitenkarte des Gouverneurs, auf der stand: Kitagaki, Gouverneur von Kyoto.

»Mit dem Burschen habe ich nichts zu schaffen«, sagte Keichu zu seinem Assistenten. »Sage ihm, er soll verschwinden.«

Der Assistent brachte die Karte mit Entschuldigungen zurück.

»Das war mein Fehler«, sagte der Gouverneur und strich mit einem Bleistift die Wörter »Gouverneur von Kyoto« durch. »Frage deinen Lehrer noch einmal.«

»Oh, ist das Kitagaki?«, rief der Lehrer aus, als er die Karte sah. »Den Burschen möchte ich sehen.«

Den Menschen will er sehen, den einfachen Menschen Kitagaki, nicht den Titelträger, den Gouverneur von Kyoto. Allerdings handelt es sich um Keichu, den Zen-Lehrer, den Vertreter gelebter Weisheit. Ganz anders fallen sicherlich das Streben und die Beurteilung im normalen Alltag aus. Wie viel Energie investieren doch unzählige Menschen, um »Gouverneur von Kyoto« zu werden, egal ob auf beruflichem, politischem, künstlerischem oder sportlichem Aktionsfeld. Und wenn sie dies erreicht haben, wird viel zusätzliche Energie darauf verwendet, diesen Titel auch entsprechend nach außen kundzutun. Erstaunlich? Eigentlich nicht, wachsen doch die meisten von uns in einer Gesellschaft auf, die andere in erster Linie nach Titeln und Erreichtem bewertet. Da ist es oft nicht leicht, seinen Selbstwert als »bloßer Mensch«, als Michael, Eva oder Kitagaki zu spüren und ohne sonstige Leistung oder Position anerkannt zu werden. Steigt nicht schnell das Interesse, wenn einem auf der Party der Vorsitzende von XY vorgestellt wird? Und wird »Frau Professor Dr. Dr.« oder »Graf von und zu« von der Vorzimmerdame nicht schnellstens zum Chef weiterverbunden? – Ja, so ist es nun mal, und es soll hier auch gar nicht darum gehen, dies anzuprangern, denn nahezu alle Versuche der Vergangenheit, das generell zu ändern, sind mehr oder weniger gescheitert. Ändern kann man allenfalls seine Einstellung dazu, also die Frage, wie sehr man sich selbst um die Erreichung von Rang und Namen bemüht, wie wichtig es einem erscheint, diese anderen gegenüber in die Waagschale zu werfen, und wie man selbst andere beurteilt: Ob einen eher der Gouverneur von Kyoto oder der dahinterstehende Kitagaki interessiert.

In der Entwicklung der Persönlichkeit sind maßgeblich drei Faktoren von Bedeutung: Haben, Tun und Sein. Und in der Regel auch in dieser Reihenfolge: In einem frühen Stadium ist es wichtig, was man hat. So wie Kinder sich stolz ihre Bauklötze zeigen, zeigt man sich später seine Rolexuhr oder die Luxuslimousine. Mit der Zeit kann das Haben zurücktreten, und das Tun wird wichtiger für die Beurteilung seiner selbst wie auch anderer. Nun zählt die Leistung, und das Selbstwertgefühl steht und fällt mit Erfolg und Misserfolg. Mit zunehmender Reife tritt auch die Bedeutung des Tuns als einziges Bewertungskriterium in den Hintergrund, und einzig das Sein bleibt maßgeblich. Das, was man als Mensch einfach ist, mit seinem Charakter, seinen Werten und seiner ganz individuellen Art. Ohne dass man etwas Bestimmtes besitzen oder leisten muss – was nicht bedeutet, dass man nicht gleichzeitig viel besitzen oder leisten *kann*. Das ist wohl das Eigentliche, was einen Menschen ausmacht und woran auch der Zen-Lehrer interessiert war.

Doch wie kann man diese Haltung und Reife erreichen? Nun: Entweder man hat sie schon, oder man kann sie mit der Zeit in sich reifen lassen. Die bloße Erkenntnis, mag sie auch der erste Schritt sein, reicht in der Regel noch nicht. Solange unsere inneren Bewertungsmuster noch primär haben- oder leistungsorientiert sind, werden sie unsere Sicht- und Verhaltensweise weiterhin beeinflussen. Doch kann man behutsam sein Augenmerk und damit auch den Kurs der persönlichen Entwicklung mehr und mehr in Richtung Sein lenken. Man kann die Motive hinterfragen, mit denen man versucht, unbedingt einen bestimmten Erfolg oder einen Titel zu erlangen. Man kann bisweilen darauf achten, nach welchen Kriterien man gerade andere Menschen bewertet. Vielleicht gelingt es einem immer häufiger, sich vom Schein nicht mehr so blenden zu lassen und den eigentlichen Menschen hinter seinem Rang und Namen zu sehen. Vielleicht wird man auch feststellen, dass die eigentlichen Freunde im Leben die sind, die uns mögen, weil wir eben sind, wie wir sind, und nicht aufgrund dessen, was wir leisten oder an Titeln erreicht haben.

Mein Vater lehrte mich in dieser Hinsicht: »Entweder ein Mensch hat inneren Adel, dann braucht er auch den äußeren nicht – oder er hat nur den äußeren Titel, dann liegt noch ein weiter Weg bis zu einer reifen Persönlichkeit vor ihm.« Wo auch immer jemand auf diesem Weg steht: Der Weg vom Schein zum Sein ist wohl einer der entscheidendsten im Leben.

Fragen zum Nachdenken

- Wie wichtig sind mir Leistung und Titel für mein Selbstwertgefühl?
- Wonach beurteile ich andere? Was macht einen Menschen für mich interessant und wertvoll? Was macht es aus, ob ich jemanden wirklich mag und mich mit ihm wohlfühle?
- Welche Menschen kenne ich, die einfach nur so sind, wie sie sind?

QUELLENNACHWEIS

Der Abdruck der folgenden Textpassagen erfolgte mit freundlicher Genehmigung:

S. 17: Anne Morrow Lindbergh, Muscheln in meiner Hand. Eine Antwort auf die Konflikte unseres Daseins. Aus dem Amerikanischen von Maria Wolff. Übertragung der Gedichte von Peter Stadelmeyer. © 1958 Piper Verlag GmbH, München

S. 44ff.: Pascal Mercier, Nachtzug nach Lissabon. Roman. © 2004 Carl Hanser Verlag, München

S. 109f.: Roland Kübler, Die Mondsteinmärchen. Ein Märchenbuch nicht nur für Erwachsene. © 2004 Knaur, München

S. 126: Hermann Hesse, Der Steppenwolf. Roman. © 1961 Suhrkamp Verlag, Frankfurt am Main

S. 168: Niklaus Brantschen, Vom Vorteil, gut zu sein. Mehr Tugend - weniger Moral. © 2005 Kösel-Verlag, Verlagsgruppe Random House, München

S. 211f.: Sogyal Rinpoche, Das tibetanische Buch vom Leben und vom Sterben. Ein Schlüssel zum tieferen Verständnis von Leben und Tod, mit einem Vorwort des Dalai Lama, übersetzt aus dem Englischen von Thomas Geist. © 1993 O.W. Barth 1993, S. Fischer Verlag GmbH, Frankfurt am Main

S. 218f.: François Lelord, Hectors Reise oder die Suche nach dem Glück. Aus dem Französischen von Ralf Pannowitsch. © 2004 Piper Verlag GmbH, München

Wir haben uns bemüht, die Rechteinhaber sämtlicher Texte zu ermitteln. Sollte es uns im Einzelfall nicht gelungen sein, bitten wir den Rechteinhaber, sich beim Verlag zu melden: Campus Verlag GmbH, Kurfürstenstraße 49, 60486 Frankfurt.

DANKSAGUNG

Buchcover erzählen nicht die ganze Wahrheit – sie erwecken oft den Eindruck, alles sei das Werk eines Einzelnen, des Autors. Dabei wäre ein solches Buch ohne die vielen Helfer im Hintergrund, die mit Worten und Taten zum Gelingen beitragen, nicht möglich. Ihnen allen möchte ich an dieser Stelle Dank sagen. Ganz besonders gilt das für meine Lektorin Frau Christiane Meyer. In meiner langjährigen Tätigkeit als Autor bin ich kaum einem besseren und kompetenteren »Sparringspartner« begegnet, wenn es darum geht, die geeignete Form und Sprache zu finden. So konnte sie manchen Irrweg verhindern und gute Alternativen aufzeigen. Das Gleiche gilt für Herrn Ingo P. Püschel, der akribisch und hartnäckig auf logische Stringenz und Qualitätssicherung des Buches achtete. Seine kritischen Anmerkungen halfen immer wieder dabei, das eigentliche Ziel nicht aus den Augen zu verlieren.

Dass manch eckige Formulierungen rund und manch krumme Gedankengänge gerade wurden, hat dieses Buch immer wieder auch den oben genannten »helfenden Wächtern« zu verdanken.